传承与立人

金建芳 著

CHUAN CHENG YU LI REN

中华优秀传统文化进小学校园的实践与建树

ZHONGHUA YOUXIU CHUANTONG WENHUA
JIN XIAOXUE XIAOYUAN DE SHIJIAN YU JIANSHU

文匯出版社

图书在版编目(CIP)数据

传承与立人:中华优秀传统文化进小学校园的实践与建树 / 金建芳著. —上海:文汇出版社,2022.7

ISBN 978-7-5496-3813-0

Ⅰ.①传… Ⅱ.①金… Ⅲ.①中华文化—教学研究—小学 Ⅳ.①G623.202

中国版本图书馆CIP数据核字(2022)第113402号

传承与立人

——中华优秀传统文化进小学校园的实践与建树

作　　者 / 金建芳
策划编辑 / 张　涛
责任编辑 / 汪　黎
封面装帧 / 梁业礼

出版发行 / 文匯出版社
上海市威海路755号(邮政编码:200041)
经　　销 / 全国新华书店
排　　版 / 南京展望文化发展有限公司
印刷装订 / 启东市人民印刷有限公司

版　　次 / 2022年7月第1版
印　　次 / 2022年7月第1次印刷
开　　本 / 787×1092　1/16
字　　数 / 135千字
印　　张 / 9.75

ISBN 978-7-5496-3813-0
定　　价 / 50.00元

目　录

第一篇　源与情：传承义举激涟漪

第二篇　义与理：立人壮举抒胸怀

第三篇　术与道：创新挺举引活水

第四篇　立与成：育人善举谱新篇

第一篇

源与情：传承义举激涟漪

中华优秀传统文化，是中华民族立于世界民族之林生生不息的文明源泉；是中华民族形成共同思想和统一意志的强大基因；是中华民族植根于内心、影响中国人的思维方式和行为方式的精神命脉。

传承中华优秀传统文化，是所有中国人的共同情怀，是当今中国人的共同情感，是未来一代新人的共同情结。

一 中华优秀传统文化进小学校园的背景

中华优秀传统文化，是中华民族珍贵的文化资源，也是宝贵的精神财富，更是可贵的教育内容。

中华优秀传统文化进小学校园，有着客观与主观、历史与现实的背景。

中华优秀传统文化，在更大视域下被挖掘，在更宽层面上被激活，在更深内涵中被释放，是中华优秀传统文化进小学校园的客观背景。

充分认识中华优秀传统文化的显赫地位，充分认知中华优秀传统文化的博大精深，充分认清中华优秀传统文化的价值功效，是中华优秀传统文化进小学校园的主观背景。

传承中华优秀传统文化，是将文化积淀作为文明财富昭示后人的历史保护，也是将文化符号作为精神标志启示后人的历史传承，更是将文化内涵作为品质提升激励后人的历史发展。这是中华优秀传统文化进小学校园的历史背景。

充分运用中华优秀传统文化的教育资源丰富学校教育，充分发挥中华优秀传统文化的亲和作用凝聚全校师生，充分展示中华优秀传统文化的特殊魅力创造教育幸福之园，这是中华优秀传统文化进小学校园的现实背景。

（一）中华优秀传统文化的“价值凝聚”

中华优秀传统文化是一块巨大的“宝石”，随着岁月的洗礼而显得更加璀璨，经久不衰，历久弥新，坚如磐石。

1. 中华优秀传统文化的根与魂

中华优秀传统文化，以其深邃的内容、经典的文明和散发的深义而受到广泛关注，渐成热门话题和热点。

中华文明有着5 000多年的悠久历史，是中华民族自强不息、发展壮大的强大精神力量。中华民族在历史中创造和延续的中华优秀传统文化，是中华民族的根和魂。

习近平总书记指出："对祖国悠久历史、深厚文化的理解和接受，是人们爱国主义情感培育和发展的重要条件。中华优秀传统文化是中华民族的精神命脉。要努力从中华民族世世代代形成和积累的优秀传统文化中汲取营养和智慧，延续文化基因，萃取思想精华，展现精神魅力。要以时代精神激活中华优秀传统文化的生命力，推进中华优秀传统文化创造性转化和创新性发展，把传承和弘扬中华优秀传统文化同培育和践行社会主义核心价值观统一起来，引导人民树立和坚持正确的历史观、民族观、国家观、文化观，不断增强中华民族的归属感、认同感、尊严感、荣誉感。"

2013年11月26日，习近平总书记来到位于山东曲阜市的孔府和孔子研究院参观考察，并同有关专家学者座谈。他指出："一个国家、一个民族的强盛，总是以文化兴盛为支撑的，中华民族伟大复兴需要以中华文化发展繁荣为条件。对历史文化特别是先人传承下来的道德规范，要坚持古为今用、推陈出新，有鉴别地加以对待，有扬弃地予以继承。"

2013年12月30日，习近平总书记主持十八届中共中央政治局第十二次集体学习时强调："对中国人民和中华民族的优秀文化和光荣历史，要加大正面宣传力度，通过学校教育、理论研究、历史研究、影视作品、文学作品等多种方式，加强爱国主义、集体主义、社会主义教育，引导我国人民树立和坚持正确的历史观、民族观、国家观、文化观，增强做中国人的骨气和底气。"

2014年2月24日，习近平总书记主持十八届中共中央政治局第十三次集体学习时指出："要认真汲取中华优秀传统文化的思想精华和道德精髓，大力弘扬以爱国主义为核心的民族精神和以改革创新为核心的时代精神，深入挖掘和阐发中华优秀传统文化讲仁爱、重民本、守诚信、崇正义、尚和合、求大同的时代价值，使中华优秀传统文化成为涵养社会主义核心价值观的重要源泉。”

习近平总书记关于传承和弘扬中华优秀传统文化的重要论述，集中表现在对“传统文化有何当代价值”和“如何实现传统文化的当代价值”两大问题的回答上。习近平着重强调，要处理好继承和创造性发展的关系，处理好中华文化与外来文化的关系，重点是继承和弘扬中华优秀传统美德。这些论述对加强中华优秀传统文化教育有重要的指导意义，为更好地传承和弘扬传统文化提供了科学指南。

总书记的上述论述，深刻揭示了中华优秀传统文化的根与魂，是我们传承中华优秀传统文化的精髓与指引。

2. 中华优秀传统文化的传与承

中华优秀传统文化，对我们党的建设和发展产生了深远的影响。坚持把马克思主义基本原理同中国具体实际相结合、同中华优秀传统文化相结合的“两个结合”论述，旗帜鲜明地赋予马克思主义中国化、时代化、大众化新的认识。

马克思主义是我们立党立国的根本指导思想，是我们党的灵魂和旗帜。中国共产党人是马克思主义的忠诚信奉者、坚定实践者，也是中国先进文化的积极引领者和践行者、中华优秀传统文化的忠实传承者和弘扬者。

因此，中华优秀传统文化的传播，是我们教育的立足之本，也是走向世界、走向未来的影响之道。

坚定中国特色社会主义道路自信、理论自信、制度自信，说到底是要坚定文化自信。用马克思主义真理的力量激活中华民族历经几千年创造的伟大文明，使中华文明再次迸发出强大精神力量，是文化自信的题中应有之义。

在古汉语中，“传”和“承”分离，并没有形成一个固定词语。商务印书馆1996年版的《现代汉语词典》对“传承”一词做了简短的界定，传承即“传授和继承”。李颷刚认为：“传承，是特定事物的传播和继承，是一个动态的过程。”文化因其自身的特殊性，文化的传承不仅包括了对文化的继承、传播，更包含对文化的创造性的发展。传承体系是指对特定事物继承和发展的一整套体系。文化的传承体系是一个民族在长期的历史发展过程中形成的能够负载文化传播、继承和发展的涵盖文献文本、世俗礼仪、政治制度、教育模式等在内的一整套有机的体系，它具有相对的稳定性，一定程度上体现了民族文化和文明的特征。传承体系的内核就是传承机制，在传承体系中最为核心、最为重要，起主导作用，具有方法论的意义。文化的传承机制则决定了文化传承体系的走向，是一个民族文化区别于另一个民族文化的根本所在。

文化的继承和发展，是代代相传、前赴后继的事业，犹如接力棒。继承中华优秀传统文化，从小学生学起、做起，不仅是这个阶段成长的需求，也是推动中华优秀传统文化融入世纪情结、时代情结、文明情结的义举。

中华优秀传统文化的根与魂、中华优秀传统文化的传与承，集中凝聚着强大的中华优秀传统文化的价值。

（二）中华优秀传统文化的“教育价值”

中华优秀传统文化，始终是学校开展文化教育的主要资源，也是学校坚持社会主义核心价值观的重要内容。

1. 中华优秀传统文化教育有利“文化自信”

“文化自信”，是一个民族对自身在历史上形成的思想、观念、意识及其表现方式的认同、认知和认定。

开展中华优秀传统文化教育，对增强学生的“文化自信”有着奠基的地位和开源的价值。党的十八大明确提出“建设优秀传统文化传承体系，弘扬中华优秀传统文化”。教育部于2014年颁布《完善中华优秀传统文化教育指导纲要》，从政策层面上支持传统文化作为“课程”进入中小学课堂，并已明确提出中、高考应增加传统文化考试内容。

中华优秀传统文化是我国“文化自信”的源泉和内涵基础。中华优秀传统文化传承体系的构建是一个系统工程，要通过研究阐发、保护整合、教育引导、文化传播、制度保障等方式进行统筹建设，使之内化于心、外化于形、实化于行、固化于制。

2. 中华优秀传统文化教育激发“民族精神”

中国传统文化是中华民族在社会历史的实践中所创造的，具有鲜明的民族特色，并被中华民族世代传承、不断发展的，渗透于中国人民生活、生产、思维方式等方方面面的关于人与自然、人与社会、人与人等各种关系中的有形的、无形的成果。中国传统文化的特征包括：源远流长，海纳百川；自强不息，厚德载物；重义轻利，尚德利群；仁和为贵，忠孝为先；邦国和睦，世界大同；等等。

中华优秀传统文化教育的主要内容应包括自强不息的民族精神、修齐治平的家国情怀、崇德向善的道德追求和内外兼修的人格理想。

学习中华优秀传统文化，对引导学生树立正确的民族观、国家观具有深远的影响，有利于激发爱国情感。

3. 中华优秀传统文化教育影响“人格养成”

人格养成，是小学立德树人的要点。而中华优秀传统文化的内容，许多都涉及人格。在中华优秀传统文化的价值受到挑战的当下，在盲目崇拜西方文化，给中华优秀传统文化的传承带来巨大冲击的关口，在小学开展中华优秀传统文化教育显得尤为重要和必要。

作为人格的重要标志——品德的培养是传统文化的精髓。当前中小学的品德教育未能较好地和优秀传统文化结合起来，学校将过多的关注点放在书本和知识的学习上，教育内容与形式未能有机结合，德育的效果势必受到影响。

要将中华优秀传统文化教育融入人文学科教学中，如思想品德、社会、历史、语文等学科，它们在知识主线、知识体系和知识内容等方面，与中华优秀传统文化存在高度的相关性，便于各方面要素的融合，例如将爱国主义精神和民族情怀等结合进学生实际和教学内容开展校内活动。教师可以结合学生实际和教学内容，开展中华优秀传统文化教育活动，尽量让学生都能够亲身参与到活动中。例如，歌曲联欢会活动，绘画、书法、茶道、武术等艺术活动等。结合家庭教育和社会教育开展校外活动，组织学生成立志愿者服务组织，积极参加公益活动，将尊老爱幼、乐于助人等中华优秀传统美德落实到具体的行动当中。在家中贯穿“孝悌”教育，让小学生懂得感恩、谦让、包容，从而形成良好的个人品德。

二　中华优秀传统文化进小学校园的缘由

教育是具有文化内涵的教育。

从文化传承角度看，中华优秀传统文化进小学校园，是新时期传承中华优秀传统文化的重要载体，也是将文化融入校园的重要抓手，更是将文化融入育人的重要方式。

从功能作用角度看，中华优秀传统文化进小学校园，是弘扬社会主义核心价值观的重要内容，也是完成立德树人根本任务的重要途径，更是培育学生核心素养的重要手段。

从办学提升角度看，中华优秀传统文化进小学校园，是丰富学校办学内容的重要渠道，也是提高办学品质的重要台阶，更是办人民满意的教育和家门口好学校的重要延伸。

中华优秀传统文化进小学校园，不仅涉及思路，也涉及系统，更涉及过程。

（一）传承中华优秀传统文化是学校文化传承的题中之义

中华优秀传统文化博大精深，有着深邃的内涵、丰富的内容。中华优秀传统文化中的诸多资源，如大同理想、小康社会、民本理念、仁爱品格、整体思维、和谐思想、革新精神、和平理念等，对社会的发展起到了促进作用。

1. 文化承载着巨大的教育资源

文化，是经过时间和空间、事件和过程积淀、演绎的精髓，也是蕴藏教育内容、蕴含教育本质的资源。

中华优秀传统文化，既是过去几千年文明史的财富，也是今天教育人的素材。为人们所推崇的国学经典承载着文化奠基和精神培养功能。如“人”这个字，它在甲骨文里的字形，描画的是一个垂手站立的人的侧面形象。围绕为什么用这种形式创造“人”这个字，曾经产生了种种猜测。其中有一种意见认为这是中华传统文化中“自谦”意识的一种体现，而“谦谦君子”一直是数千年中华民族所倡导的为人理念。再如《三字经》中有：“玉不琢，不成器。人不学，不知义。”很多国学经典文本包含着深刻的为人处世之道。比如私德领域中的“弟子入则孝，出则悌，谨而信，泛爱众而亲仁，行有余力，则以学文”（《论语》），教人要怀有“仁心”；在公德领域，形成“治国、平天下”的公共伦理。这些都是巨大的教育资源，可以融入感恩教育、生命教育、爱国主义教育、责任感教育之中。

2. 学校担负着文化传承的重大使命

就社会主义学校来说，中华优秀传统文化的传承是立校之本。这是因为以下几点：

一是社会主义学校的教育性质决定了中华优秀传统文化的地位。小学是启蒙教育，就是要开启对中华优秀传统文化的认知和启示之道。传承中华优秀传统文化，是社会主义学校的本质体现，也是社会主义学校必须坚持的办学宗旨。

二是社会主义学校的教育内容与中华优秀传统文化是一致的。中华优秀传统文化，渗透在教育的全过程、教学的全方位，覆盖各学科，尤其是语文、数学、自然、道德与法治等，充满了传统文化的精髓。

三是社会主义学校的教育目标需要中华优秀传统文化的辅佐。教育目标的实现，需要文化引领、思想建设，中华优秀传统文化正是文化的精华、思想的宝库。

学校坚定的办学方向，是中华优秀传统文化得以传承的重要保证。

学校完整的课程计划，是中华优秀传统文化得以传承的重要条件。

学校秉持的文化立校，是中华优秀传统文化得以传承的重要前提。

在我们学校，以中华优秀传统文化教育为特色，这几年已成为滋养师生心灵、形成人文校园的基石。这所有着深厚底蕴的老学校，越发生机勃发，这里的学生有着对源远流长的中华文化的强烈认同，这使他们自豪自强自律的君子人格教育更加趋向于规范大气，学校推进民族精神教育的底气更深远厚实。这一切，都源于优秀中华传统文化的传承和滋润。

（二）传承中华优秀传统文化是弘扬核心价值观的重要途径

中华优秀传统文化与社会主义核心价值观有着内在的联系，包括思想汇集、内容交集、形式聚集。

1. 传统文化滋养核心价值观

在倡导和弘扬的社会主义核心价值观中，有许多出典来自中华优秀传统文化，可以说中华优秀传统文化是社会主义核心价值观的源头，也是社会主义核心价值观的身躯，更是社会主义核心价值观的中枢。

2015年12月30日，十八届中共中央政治局第二十九次集体学习，习总书记强调："要努力从中华民族世世代代形成和积累的优秀传统文化中汲取营养和智慧，延续文化基因，萃取思想精华，展现精神魅力。要以时代精神激活中华优秀传统文化的生命力，推进中华优秀传统文化创造性转化和创新性发展，把传承和弘扬中华优秀传统文化同培育和践行社会主义核心价值观统一起来，引导人民树立和坚持正确的历史观、民族观、国家观、文化观，不断增强中华民族的归属感、认同感、尊严感、荣誉感。”

传统文化滋养核心价值观，主要表现为内容深入、价值引领、意义阐发、修身养性。优秀传统文化教育，既滋养着老师，也滋养着学生。中华优秀传统文化的浸润使教师更大气宽容，更博学儒雅、身心愉悦，并形成积极健康向上的心态，更能促进和达成“爱学生、会研究、有气度”的教师发展目标，因为学校文化是教师精神发展的根源。

2. 传统文化蕴含正确教育观

文化是学校的灵魂，只有致力于办好体现办学目标和学生培养目标的有文化追求的学校，才能满足不同个性学生的发展需求，才能为学生发展服务。所以，学校、学生、教师必然是以文化来滋养的。如果说学生的主要生活是学习做人、学习知识、学会生活、培养能力，那么教师的能力与知识也必须与时俱进，最优秀的老师便是最会学习的老师。

教育，就是让文化来滋养师生的灵魂和内涵，促成社会主义核心价值观的形成、弘扬。而教师对中华优秀传统文化的学习，是树立社会主义核心价值观的关键。为此，学校通过中华优秀传统文化的学习、宣传等，致力于教师的行为转变。学校定期开展“品读好书、共铸师魂”“品阅好书、幸福人生”读书征文等活动，提升教师人文素养、师德水平、育德能力，倡导读书成为教师的良好习惯，通过学习不断提升教师的人文素养。学校的可持续发展，社会主义核心价值体系的构建，教师的思想理论业务素养是关键，而读书是永恒的学习方式之一。学校开发了传统文化的校本教材《中华优秀传统文化教育》，并开展教师层面的校本研修，提高教师的人文素养。确实，选择了教师这一职业，就意味着终身与学习为伴。学习可以缩短时空，弥补生命长度的缺憾；学习可以促进办事效率，刷新智慧空间，让工作少走弯路，为学校发展提速。“强国必强教，强国先强教，强教先强师。”因此，每位教师围绕学科德育中的传统文化教育专题开展教学实践研究，形成了“人人是学习研究之人，处处是学习研究之地，日日是学习研究之时”的研究氛围。在传统文化中教师不断陶冶身心，更加大气温馨，对弘扬社会主义核心价值观和进行社会主义核心价值观教育更有底气。

（三）传承中华优秀传统文化是提升办学品质的主动作为

办人民满意的教育和家门口的好学校，一直是我们的办学追求。这不是一句口号，而是需要思想的支撑。

中华优秀传统文化的传承，让我们对办学品质的提升有了新的认识和新的作为。

1. 办学理念融入传统文化的主张

学校长期以来始终秉承着“为每一个学生的终生幸福提供优质的教育，为每一个学生的自主发展创造无限的可能”的办学宗旨，扎根于闵小历史沿革而形成的坚实的办学基础，用发展的眼光思考学校的办学理念和追求，传承和凝练了“以人为本、主动发展、规范大气、温馨有致”的办学理念。

这一核心理念，体现了中华优秀传统文化的精神，融入了中华优秀传统文化的主张，促使学校在思考和实践各项工作时，始终坚持文化立校，强调在成事中成人，以满足师生实现在校发展的最大化、终身发展潜力的最大化。我们以“崇德敏智，全面发展”为育人目标，完善了“知礼、好学、和谐”的校训，“懂规范，乐学习，善交往”的学生发展目标，“爱学生，会研究，有气度”的教师发展目标，以“将学校发展成为一所高品位、高质量、高水平的学校”为发展愿景。

2. 以人为本体现传统文化的定位

在办学理念的引领下，我们将学校的发展定位于“人”的发展，将教育的理想定位于“育人”的职责与担当，让学生能主动发展，让学生能提升核心素养，让学生能适应社会发展需要，而我们的教育就一定要适合于学生终身发展的需要。在办学理念的引领下，学校一直坚持将“中华优秀传统文化教育”和“以三类课程统整为重点的课程校本化建设”两个重点发展项目为立足点，围绕育人目标，努力为学生发展提供更好更满意的教育。

将学校发展定位为“质”的发展，就必须将中华优秀传统文化融入办学的全过程，需要从中华优秀传统文化中汲取思想养分、精神力量，需要从中华优秀传统文化中获取内涵底蕴、品性特质，需要从中华优秀传统文化中领悟处世道理、成事规律。

将学校发展定位为“人”的发展，也必须将中华优秀传统文化贯穿育人的全过程，将传统文化中的爱国主义注入学生的血脉中，将传统文化中的做人要义引入学生的言行中，将传统文化的文明鉴赏输入学生的意识中。

因此，学校的品质发展是有文化的发展。

（四）传承中华优秀传统文化是补齐轻视短板的现实需要

诚然，中华优秀传统文化具有雄厚的教育资源，但在具体的倡导和弘扬中，基于各种原因还存在一些不尽如人意的地方，形成显而易见的短板。

1. 德育工作与时俱进，需要解决传统文化教育的“弱化”

德育，是德智体美劳“五育”中的首育，也是教育工作的灵魂，它致力于对学生思想品德和人格素质的培养，体现着教育的基本目的和归宿，贯穿教育实践的各个方面，统领整个学校教育。

我国对学校德育工作素来非常重视，党和政府始终坚持把德育工作放在学校工作的第一位。然而，当前小学德育工作往往注重新知，缺乏怀“旧”情结，一味地围绕上级指挥棒开展轰轰烈烈的新型活动，学校德育工作领导者没能沉下心来静静地思考把优秀传统文化发扬光大，一些人还认为是可有可无的。传统文化教育相对被冷落、德育课质量偏低、脱离实际、缺乏实效性也是不争的事实。空洞的标签式口号、毫无实践体验的说教以及陈旧的内容及教育方式，使学生对此学习兴趣低落，导致德育效果不佳。

学校德育工作要在与时俱进中切实解决传统文化教育的“弱化”倾向，将中华优秀传统文化作为新时期学校德育工作的“灵魂”。

2. 学生成长多元丰富，需要避免传统文化习得的“脱节”

随着社会现代化程度的不断提升，西方文化的传入，传统道德体系遭受了不同程度的或贬损或否定，儒家文化出现严重断层。文化激进主义者把传统文化视为社会发展的绊脚石，不加保留地予以毁辱，严重伤害了中华传统文化之根，致使优秀传统文化在人们心中留下缺憾。

而身处大都市的孩子每日的学习生活都充满都市气息，现代的文明自然而然地被孩子们所认可、接受；与此同时，一些优秀传统文化由于课本里涉及的内容不多，生活中又很少触及，老师也不会刻意去阐述。例如儒学文化，多以文言文形式出现，孩子年龄尚小很难理解。久而久之，孩子们对传统文化产生了一种陌生感、距离感。

学生成长多元丰富，而传统文化习得的“脱节”，使他们的成长虽有现代感，但缺少传统文化熏陶根基，他们的学习和个人经验与传统文化间缺少了一条习得的纽带，从而造成两者脱节。

3. 家长期盼孩子发展，需要改变传统文化引入的“弱势”

我们学校中的孩子三分之二来自外省市来沪务工者家庭，生活的艰辛让一部分家长无暇关注孩子的学业，更谈不上思想文化教育。很多家长清醒地认识到，要在上海这个大都市立足，没有文化是行不通的。因此，他们对孩子的成绩十分关注，却在良好道德品质形成的最佳期忽略了德育，更不要说传统文化教育。一些调查统计也表明，家长对中华优秀传统文化的知晓度、了解度是偏低的，这种只关注学业成绩而漠视传统文化熏陶的现象，在相当一部分家庭中存在。传统文化引入的“弱势”，是不少家庭文化素养不甚理想的缘由。

4. 教师强化教书育人，需要克服传统文化底蕴的“软肋”

如今，教师教书育人的意识越来越强烈，但有时会力不从心，对传统文化了解不多，也是一个重要原因。儒学经典著述某些部分的艰深难懂，尤以“春秋笔法，微言大义”为代表，这当然属于专家学者研究的范畴。作为教育工作者，要做好儒家优秀文化的传承，自己首先要领悟儒学的真谛，了解其深厚的内涵。然而，现在的教师在这方面的学习缺乏系统性、深入性，因此，文化底蕴较浅，给其更好地传播优秀传统文化带来了一定的困难，真可谓心有余而力不足。

因此，从现实看，传承中华优秀传统文化有着极大的必要性和需求性。我们认为，儒家经典教育与学校教育的结合是完全可行的。我们要在教师中广泛而深入地开展中华优秀传统文化的学习、浸润等基础性工作，使教师传统文化底蕴不足的状况得到改善，使教师能对传统文化“身怀百技”。

三 中华优秀传统文化进小学校园的历程

中华优秀传统文化进小学校园由来已久，走过了星火燎原的过程。国家政策的推动、社会力量的助威、学校行动的自觉，促使这项工程在数量上不断扩大和在质量上逐步提升。

中华优秀传统文化进小学校园，让“中华”镌刻在师生的心中，让“优秀”成为师生的习惯，让“传统”变为师生的经典，让“文化”融入师生的行为。

（一）政策导向与传承项目

中华优秀传统文化的传承，由来已久。在具有社会影响力的项目和活动推动下，这样的态势正在与时俱进。

1.“中华古诗文经典诵读工程”

1998年6月，中国青基会推出“中华古诗文经典诵读工程”，旨在让广大青少年在基础教育时期，以便捷的方式接受中华古诗文的基础训练和文化熏陶，进一步激活传统，继往开来。

“中华古诗文经典诵读工程”，以组织少年儿童诵读、背诵中国古诗文经典的方式，让他们在一生中学习、工作压力最轻，记忆力最好的时候，以最便捷的方式，获得古诗文经典的基本熏陶和修养。在试点诵读收到良好的评估效果之后，1998年6月26日工程正式启动，著名学者季羡林、杨振宁、张岱年、王元化、汤一介担任顾问，国学大师南怀瑾担任指导委员会名誉主任。中国青基会社区与文化委员会组织专家学者编辑了《中华古诗文读本》，选编从先秦至近代的300篇古诗文经典之作，全部诗文有汉语拼音注音并配有注释，分为子、丑、寅、卯等12集出版。

2.“中小学弘扬和培育民族精神月”

2004年，中宣部、教育部决定，从2004年开始，每年9月为“中小学弘扬和培育民族精神月”。2009年教育部、中宣部、中央文明办、共青团中央决定以庆祝新中国成立60周年为主题开展第六个“中小学弘扬和培育民族精神月”系列活动，分为“了解新中国建立历程”“感受祖国变化”“我为祖国服务”三个部分。

3.“中华经典诗文诵读活动”

2006年发布的《国家“十一五”时期文化发展规划纲要》指出：“在社会教育中，广泛开展吟诵古典诗词、传习传统技艺等优秀传统文化普及活动，努力提高全民族的人文素养，树立良好社会风气。”“规范和保护国家、民族语言文字。严格遵守《国家通用语言文字法》，在全社会大力推广普通话，推行规范汉字。”

2007年，为进一步推进语言文字规范化工作，教育部、国家语委正式启动“雅言传承文明，经典浸润人生——中华经典诗文诵读活动”。活动以国家通用语言文字和中华经典诗文互为载体，通过诵读，进一步提高国民的语文素质，提高国家通用语言文字——普通话和规范汉字的社会应用水平，激发全社会对祖国语言文字和中华优秀传统文化的热爱，增强民族自豪感和文化自信心。在全社会开展文化经典诵读活动，使广大人民群众，特别是广大青少年，进一步加深对民族精神和优秀传统文化的理解，在背诵中亲近中华经典，在亲近中热爱中国文化，在热爱中弘扬中华文明，在弘扬中整合创新。

4. 国学经典“进校园、进教材、进课堂”试点

2010年3月，教育部语言文字运用管理司会同相关司局召开国学经典“进校园、进教材、进课堂”试点工作研讨会，同年6月在全国18个省开始实施。这是一个标志，表明国学经典从最早的“该不该学”的争论阶段，升华为“怎么样学、学什么内容”的建设阶段，真正把国学经典作为一门学科来研究建设。

2018年，教育部、国家语委印发《中华经典诵读工程实施方案》（以下简称《方案》）的通知，决定组织实施“中华经典诵读工程”，通过开展经典诵读、书写、讲解等文化实践活动，挖掘与诠释中华经典文化的内涵及现实意义，引领社会大众特别是广大青少年更好地熟悉诗词歌赋，亲近中华经典，更加广泛深入地领悟中华思想理念、传承中华传统美德、弘扬中华人文精神。

“普通话诵经典，规范字书中华。”“中华经典诵读工程”以立德树人、培育社会主义核心价值观为根本任务，以传承弘扬中华优秀传统文化、继承革命文化和发展社会主义先进文化为核心内容，以诵读、书写、讲解等文化实践活动为主要形式，以课程教材、资源平台及人才培养建设为基础支撑，以广大青少年、教师、家长和中华文化爱好者为基本对象，充分发挥语言文字在传承发展中华优秀文化中的重要作用，为青少年的美好人生打下鲜明中国底色，为增强人民群众的文化自信提供有力支撑。

《方案》提出，到2025年，使社会大众尤其是青少年更加热爱中华经典，语文素养和语言文字应用能力显著提升，具有较强的国家通用语言文字规范意识和自觉传承弘扬中华优秀传统文化的意识，普遍具有高度的语言自信和文化自信，国家通用语言文字普及率进一步提升；学校和社会中华经典诵读活动广泛开展，成为品牌，形成长效机制；贯穿大中小幼的中华经典教育体系基本完善，中华优秀传统文化蕴含的思想观念、人文精神、道德规范得到进一步挖掘诠释，展现出永久魅力和时代风采，中华经典教育、诵读、书写、讲解资源基本满足全社会的学习需求；中华优秀语言文化的国际传播更加广泛，全球中文学习者大幅增加，以语言通促进民心通，用中国声音讲好中国故事、传播中国思想理念，为增强国家文化软实力打下坚实语言基础，建成与综合国力相适应的语言文化强国。

（二）学校推进与特色探寻

学校对中华优秀传统文化的学习和继承，不仅有产生过程的时间概念，也有内涵界定的空间概念。

1. 学校推进与正确认知的导向

从严格意义上说，对中华优秀传统文化至今还未形成明确、统一的概念。李建中先生在《中国文化概论》中将其定义为以儒家为主流或正宗，以伦理为主要类型，同时具有一统与多元、全体与个体、事功与审美等诸多层面的相悖相生、相间相济。张怀武先生在《中华民族传统文化与爱国主义》一书中，界定为中华民族在五千年历史中形成的文化形态，以儒家文化为主，吸收、包容了众多进步而有益的文化因素而形成的一种开放的文化系统。

我们认为，中华优秀传统文化是指：以弘扬中华民族精神为目的，以儒家文化为核心，并融合了道家、佛家和其他各家思想精神，接纳了西方先进思想文化，涵括了中华古代政治文明、爱国主义、人本精神、伦理道德思想、健康的民俗文化等，与时俱进的、先进的、有中国特色、中国气派、中国风格的开放的民族文化形式和文明成果，包括思想、文字、语言，先是六艺，也就是礼、乐、射、御、书、数，然后是生活富足之后衍生出来的书法、音乐、武术、曲艺、棋类、节日、民俗等。

2. 学校推进与四个阶段的发展

上海市闵行区中心小学是一所历史悠久的老校，1928年9月28日，是儒家文化代表孔子的诞辰日，也是学校由三所小学合并成立的日子，“9·28”成为学校的建校日。

中华优秀传统文化在学校的传承及其教育，在问题导向、目标导向、行为导向的持续推进中，历经以下四个阶段：

——萌芽期（1996年9月—2006年1月）：传统经典与现代儿童德行修养点状融合。

20世纪90年代中期，学校致力于美丽校园建设，针对独生子女以自我为中心、不尊重长辈等突出问题，结合校训校风的建设，试图从传统经典文化中找到教育的切入点，开展了以劳动教育——班级小岗位建设和感恩教育——为长辈做一件事为重点的教育，培养儿童吃苦耐劳、孝老敬亲的优秀品质。

此阶段，融现代儿童德行修养于传统文化教育的做法具有开创性，呈点状融合的特点。

——发展期（2006年1月—2012年12月）：传统经典与现代儿童德行修养线状融合。

新世纪，受西方自由主义思潮的冲击，学生行规问题凸显。学校提炼了“崇实”文化，结合儒家经典提出了“懂规范、乐学习、善交往”的学生发展目标。为促进学生发展目标实现，学校开设了“国学经典育雅行”课程，制定了《学校推进中华传统文化教育行动策略》。

此阶段，学校比较深入地挖掘了儒家“礼”之内涵，与现代行规礼仪教育对接，知行合一，逐步将德行修养根植于传统文化中，两者呈现线状融合的态势。同时，学校还以市级“德尚”课题“‘走进儒家经典’小学德育品牌项目建设的实践研究”为引领，深入开展儒家经典浸润下的文化育人。该项目获得了上海市学校德育“德尚”系列研究课题优秀成果三等奖。“以‘走进儒家经典’为德育品牌项目建设的机制探索”获闵行区校长德育论坛论文评选一等奖。

——完善期（2012年12月—2016年6月）：传统经典与现代儿童德行修养有机融合。

随着西方文化的持续渗入，很多学生只过洋节而忽视传统节日。基于此，学校进一步挖掘“仁、义、礼”之内涵，开发了“我的节日我做主”等文化传承课程、“闵乐乐行华夏”行走体验课程，聚合校园“四节”等，系统构建活动主题，设计分别指向认知、情感、行为体验的活动方式，开发了任务驱动活动单，制订了“最美闵乐乐”评价方案。依据学生年龄特征，按照不同要求分年段循环实施。

此阶段，学校多个市、区级文化育人课题立项。“中华优秀传统文化教育与行为规范教育的有机融合”项目荣获2015年闵行区行为规范教育特色项目评选优秀特色项目。

——推广期（2016年6月—2021年10月）：“文化熏陶，德行修养”浸润式教育实践推广。

此阶段，学校多次开展全国、市、区级传统文化教育展示，深入实践并推广“文化浸润—实践体验—反思体悟—自我修正”的文化育人路径，成效显著。课题“聚焦学生核心素养，深化小学中华优秀传统文化教育的实践研究”获上海市一等奖。学校连续三次获评市行为规范示范校，2018年被评为闵行区中华优秀传统校，“国学”被评为2018年度闵行区中华优秀传统文化教育项目，“闵乐乐探秘二十四节气”获评2020年度闵行区中华优秀传统文化教育项目等。

3. 学校推进与“以文化人”的策略

学校在90多年的办学过程中，根据传承的学校文化，经过不断提炼和发展，形成了“崇实”学校核心文化。在历时25年的中华优秀传统文化传承的实践和探索中，学校最终提炼出了“文化熏陶，德行修养”的传统文化育人模式：以“知礼、好学、和谐”的校训和“文明、诚实、创新”的校风为指引，凝练学校文化和育人目标，基于儒家文化核心思想“仁、义、礼”，确定了“懂规范，乐学习，善交往”的学生发展目标。开展了校园传统文化环境布置，开发德行修养系列课程评价制度，以体验式教育活动为重点，家、校、社联动，依据学生年龄特征，按不同要求循环实施，学生在文化浸润、活动体验中情感生发，德行提升。

自2006年起，学校围绕“崇实文化”，坚持以中华优秀传统文化教育为特色，以“闵行区中心小学推进中华传统文化教育行动策略”为指导，在“以文化人”的行为策略下，在实践体验中，又不断丰实“崇实文化”。

一是基于传统节日，挖掘文化育人价值。

近几年，传统文化成为许多学校的特色，开展传统节日活动也有许多学校在做。如何使我们在传统文化教育中促成学生发展目标“懂规范，乐学习，善交往”，将行规教育这个品牌做得更亮，我们不断

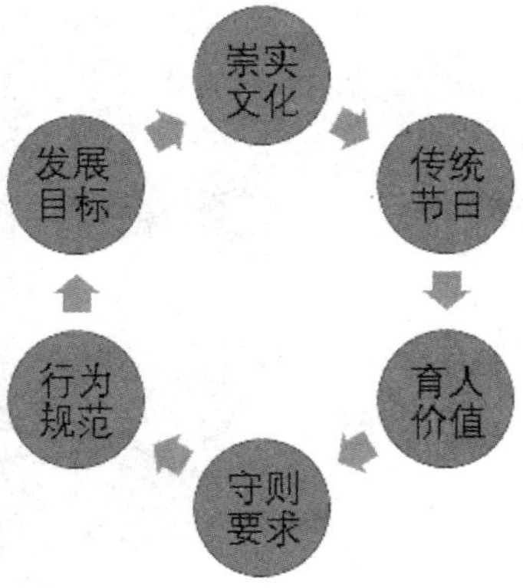

“以文化人”的行为策略

在思考与优化。

（1）围绕共性，归类传统节日

中华传统节日，我们不仅有校本教材，有教学设计，更有主题实践体验活动。根据小学生的身心发展特点，目前我们设计并形成了“元宵、端午、清明、中秋、重阳”这五大传统节日的系统化的主题活动方案，坚持“学习演绎—体验感悟—实践探寻”路径。以这五大中华传统节日为基石，我们还将日常生活中的节日、校园四大节日也有效结合起来，寻找到这些节日中隐藏的共性，形成“节日叠加”“共性聚焦”的特点，更深入地帮助学生体验、感悟、实践。

（2）优化共性，挖掘育人价值

这些共性的内容，我们根据小学生的成长需求，用关键词来优化与提炼，凸显节日文化的育人价值。

二是基于育人价值，明确行为守则要求。

育人价值的落实，应体现在学生的思想与行为上。依托节日的育人文化，学校将育人价值与小学生重要的行规养成紧密结合起来。学校从

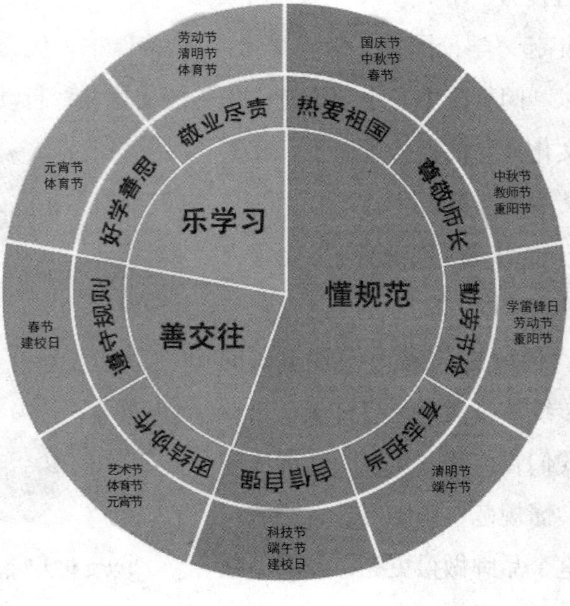

学生的日常生活习惯、学习习惯、劳动习惯等角度，结合《中小学生守则（2015修订版）》，明确守则要求：爱党爱国爱人民，孝亲尊师善待人，勤俭节约护家园，诚实守信有担当，珍爱生命保安全，自强自律健身心，好学多问肯钻研，明礼守法讲美德，勤劳笃行乐奉献。将以上守则要求作为“闵乐乐”发展的目标。

如，国庆节、中秋节与春节，三节叠加，发现了“热爱祖国”这个共性的育人价值，并通过《小学生守则》中的“爱党爱国爱人民”守则要求来具体培育“热爱祖国”。在设计这些传统节日活动时，将重点落在“爱党爱国爱人民”上。

三是基于守则要求，践行行为规范细则。

守则要求是总纲领，所以在实施时，要有具体的行规标准去规范。我们根据学校学生的年龄特点、行为特点等因素，将具体行为规范做了分年段的目标要求。仍以“国庆节、中秋节、春节”为例，我们形成了行为规范细则。

围绕“爱党爱国爱人民”，形成了低年级、中年级和高年级的行为规范要求。

低年级：知道要尊敬国旗国徽，学会升降国旗时立正、行注目礼，学会唱国歌；知道我国地大物博、人口众多，是个多民族国家，有56个民族；了解中华民族传统节日，知道名称、来历。

中年级：了解国旗国徽的来历和含义；尊敬并爱护国旗、国徽，升降国旗肃立、动作规范；知道我国的著名风景胜地；了解各民族的风俗，学会尊重少数民族的风俗；会唱默国歌；了解中华民族的传统文化以及风俗，如茶艺、民间艺术、饮食等。

高年级：尊敬并爱护国旗、国徽，升降国旗肃立、动作规范，知道国家主要领导人；热爱祖国的山河，知道台湾是中国的领土，维护各民族的统一；会唱默国歌，了解词曲作者和创作背景；主动探究中华民族的传统文化。

4. 学校推进与课题深化的研究

在“崇实”文化和“崇德敏智”育人目标引领下，学校立足课程校本化建设和以诚信、责任为基，以“走进儒家经典”为核心的中华传统文化教育两大重点发展项目，开展以课程校本化体系保障下的有效课堂教学和以传统文化教育为特色的班级文化建设，将国学经典融入学生的行规养成上。

在国学经典的开展与实施过程中，我们并非简单地以语文教学中吟诵的方式来学习古诗文，而是搭设各种平台，并将此纳入学校行规养成教育的整体规划中。

围绕国学经典，学校以市级德尚课题“以‘儒家经典’为重点的中华传统文化教育”为引领，以国家级重点课题子课题“在儒家经典滋养下小学生社会责任感的培养”和“在儒家经典滋养下班主任人文素养的提升”为二级课题，以年级和班主任的部分区级和校级课题为三级子课题，在学校课题指南的指导下，开展全覆盖、网络化的核心实践和研究。目前，“以‘儒家经典’为重点的中华传统文化教育”和“在儒家经典滋养下小学生社会责任感的培养”已结题并获市、区等第奖。在课题研究过程中，结合教育教学实际，依据行规教育要求，倡导反思性实践，班主任每月撰写一篇教育反思，不断提高教师总结、提炼的能力并指导实践，提高教育教学实效。

根据当代德育工作的时代要求和班级的实际特点与发展需求，围绕学校“懂规范，乐学习，善交往”的办学理念，确定了以儒家文化精华促小学低年级传统美德教育的实践研究，寻找两者的有机结合点，有效统整。通过研究，更新教师的教育观念，促进教师教育方式的变化，让教师更快地成长。培养学生端正的道德素质与行为规范，指导学生学会求知，学会做事，学会共处，学会做人，这必将产生较强的现实意义。

第二篇

义与理：立人壮举抒胸怀

中华优秀传统文化，是人类文明的结晶，也是世界大同的道义；中华优秀传统文化是民族文化的精粹，也是社会正义的化身；中华优秀传统文化是人间正道的集萃，也是人间秩序的标义。

中华优秀传统文化，是永恒真理的浓缩，也是人们信奉的准则；中华优秀传统文化，是不朽公理的写照，也是人们遵循的规则；中华优秀传统文化，是正确理论的荟萃，也是人们奉行的守则。

一　中华优秀传统文化与立德树人

中华优秀传统文化，是宏大的教育资源，集聚着教育的真谛，充满做人的睿智，是极为珍贵的教材。

立德树人，是社会主义教育的根本任务，也是“五育融合”全面发展的价值取向，更是学校教育的基本目标。

中华优秀传统文化与立德树人有着密切的关联，可以说中华优秀传统文化是立德树人的源泉，立德树人是传承中华优秀传统文化的重要指向。

（一）德行的价值取向

德，在中华民族历史上具有极为重要的地位和价值。

1. 德的丰富内涵

“德”，是汉语一级通用规范汉字，此字始见于商代甲骨文。德的古字形从彳（或从行）、从直，以示遵行正道之意。也有人认为“德”的本义是登上、升。“德”常用于指道德、品德，引申指有道德的贤明之士。

“德”是美好的，故又引申指有恩惠、感恩。又引申指客观规律等意义。“德”在古代文献中也与“得”通，表示得到。

“德”在金文中又写作“悳”，曾有学者认为“悳”是“德”的古字。实际上“悳”比“德”出现得更晚，是“德”的异体字。作为正直、坦率、诚实、自然之“直”，一直被古人视为“德”之重要表征。

“德”的重要表现为品德，即良好品德。通过诸子百家文化可了解到，各位宗师都有传世之宝，而这个宝就是他们各自的品德，如孔子的礼德，老子的道德，鬼谷子的战德，虽然分为不同领域，却为后世留下行业或社会准则。

2. 德的五种特性

有人认为，人最重要的五种德行是以下内容：

一是心地善良——人之初，性本善。人们是生活在一个很复杂的社会中，遇到各种人，碰到各种事。也许在社会这个大染坊中，有些人会改变自己的初心，变得尔虞我诈、钩心斗角，这是一种很不好的现象。当然，善良的人总是大多数，正是这些人的存在，我们的社会才会风清气正。善良是一个人身上最可贵的品质，我们应时刻保持一颗善良的心，积极地面对生活。

二是敢于认错——当人犯了一些错误时，很多时候碍于面子，明知自己是错的，也不愿承认自己的错误。甚至被人指出身上的错误时，还会非常生气，去为自己的错误寻找借口去辩驳，这其实是有百害而无一利的。其实当我们犯错时，敢于面对和承认自己的错误，不仅不会失去什么，反而显得很大度，很有涵养。学会承认错误是一种优秀的品质。

三是宽容大度——俗话说“海纳百川，有容乃大”，一个人要有广阔的胸襟，才能成就一番大事。在面对一些不公时，我们要以一颗平常心去对待；在面对别人犯的错误时，我们要以一颗宽容的心去对待。只有这样，我们才会少一些牢骚和烦恼，才会快乐地面对每一天。

四是学会沟通——很多误解、争吵源自缺少沟通。朋友间经常沟通，才会友情永驻。我们要学会沟通，善于沟通。

五是学会放下——每个人生活中总会有一些遗憾，如果总是把这些事情装在心里，人会变得很累。人的一生有得有失，得到的要珍惜，失去的要学会放下。拿得起、放得下才会从容地面对每一天。

古人说：“大学之道，在明明德，在亲民，在止于至善。”核心价值观，说到底其实就是一种德，既是个人的品德，也是集体的公德，更是国家的大德、社会的崇德。国无德不兴，人无德不立。如果一个民族、一个国家没有共同的核心价值观，莫衷一是，行无依归，那这个民族、这个国家就无法进步。这样的情形，在我国历史上，在当今世界上，都屡见不鲜。

中华优秀传统文化中的德育内容，树起了高尚道德的丰碑。

（二）立德树人的使命

立德树人，既是社会主义教育的根本任务，也是教育工作者的神圣使命。

1. 培养目标的确定

对育人者来说，立德树人为根本任务，而“立什么德、树什么人”不仅是育人价值和理念的问题，更是我们作为教育工作者理应担当的理想与使命。

社会主义学校，要培养有中华优秀传统文化的人，要培养有理想信念、爱国情怀、脚踏实地的人，要培养有奉献精神、勇为国家贡献、乐于服务他人的人。一句话，就是要让学生在中华优秀传统文化浸润下，成为德智体美劳全面发展的社会主义建设者和接班人。

2. 核心素养的培育

核心素养的培育，与完成立德树人的根本任务密切相关。

学校的发展既积淀、承载于自身历史，又发展于特定环境，如果要与时俱进地服务于学生的终身发展需求，关键就在于创新，要体现出时代发展需要、凸显学校特色、符合学生发展需求的教育创新。学校在办学理念引领下，聚焦育人目标，近年来致力于学生核心素养的培育与提升。

随着教育改革深入开展和学生的发展需要，如何提升学生的核心素养，是近阶段学校在教育发展中所聚焦的重点内容。学校的课程校本化建设如何契合于学生核心素养培育的需求，来促进学生的健康成长、可持续发展，这是我们作为教育者必须思考的命题和应该履行的教育使命，也是作为教育者承担职责的教育情怀。学校围绕“热爱祖国、诚信友善、礼仪规范、热爱劳动；乐学善学、勇于探究、问题解决、珍爱生命；学会沟通、主动参与、合作担当、关注表达”12个方面的核心素养要求，全面实施，努力为实现“崇德敏智，全面发展”的育人目标而共同努力。

（三）爱国教育的重心

爱国，是民族精神的核心部分，也是立人的根本指针。

1. 民族精神的灵魂

民族精神是中华优秀传统文化的精髓。《上海市学生民族精神教育指导纲要（试行）》明确指出，青少年学生是民族的希望、祖国的未来。在学生中弘扬和培育民族精神，提高青少年学生的道德素质和政治觉悟，增强他们的民族自尊心、自信心和自豪感，把他们培养成具有良好思想品质和道德修养的合格建设者和可靠接班人，对于确保我国在激烈的国际竞争中立于不败之地，确保实现全面建成小康社会、进而实现现代化的宏伟目标，确保中国特色社会主义事业兴旺发达、后继有人，确保实现中华民族的伟大复兴，具有重大而深远的战略意义。民族精神是一个民族生命力、创造力和凝聚力的集中体现，是一个民族赖以生存、共同生活、共同发展的核心和灵魂。

中华民族五千多年的发展史，就是民族精神不断传承、不断发展、不断弘扬的历史。中华民族历经数千年沧海桑田依然熠熠生辉、彪炳世界史册，原因何在，答案是靠伟大的中华民族精神。而当今有不少青少年，不同程度地存在国家意识淡薄、民族自信心和自豪感减退、对中华民族的优良传统、民族精神知之甚少，对民族优秀文化传统漠视、对中华民族的归属意识不强等现象。青少年是祖国的未来，是民族的希望。青少年兴则国家兴，青少年强则国家强，对学生加强民族精神教育已迫在眉睫，要把国家意识、文化认同、人格养成作为民族精神教育的重点内容。通过民族精神教育，使每一位学生能自觉传承中华民族精神，从小努力做一个大写的人。

2. 民族精神的教学

学校教育是弘扬和传承民族精神的首要场所，作为学校教育主阵地的课堂教学，就应该发挥积极的作用，要将民族精神教育纳入学科教学之中，充分挖掘各门学科的民族精神内涵，充分发挥课堂教学在民族精神教育中的主渠道作用。

而语文作为一门工具型的课程更应该充分发挥人文精神的优势，特别是古诗文教学，应该与民族精神教育紧密联系，因为古诗是我国宝贵的文化遗产，许多优秀的古诗被广泛传诵。古诗中的语言精练优美，意境深邃隽永。古诗学习有利于学生加强语感，积累语言，陶冶情操，感受民族情怀，学习民族精神。

《义务教育语文课程标准》(2011年版)也十分倡导经典诗文的背诵和积累，在“总目标”中提出“认识中华文化的丰厚博大，汲取智慧”，“诵读优秀诗文，提高欣赏品位和审美情趣”，“培养学生热爱祖国语言文字的思想感情”和“重视提高学生的品德修养，使学生逐步形成健全的人格”的要求。“阶段目标”中明确指出“小学阶段诵读、背诵优秀诗文不少于150篇(段)”，加大民族传统文化精华的教育比重，让学生在赏心悦目中体验我国民族历史文化的隽永魅力，从而让学生充分感受祖国语言文字丰富的文化内涵和审美价值，提升自己的文化品位，深化热爱祖国语言文字的感情。

许多教师在平时的古诗文课堂教学中，努力挖掘古诗中的民族情结，试图引导学生解读诗词的意思，感受诗中所蕴含的我国悠久的民族精神，感受古诗文中所蕴含的故乡之情、友人之情、保家卫国之情、赞美祖国山河之情等，让学生在民族精神光芒的照射下，激发民族情怀，陶冶情操，从小争做一个立志保家卫国、热爱祖国大好河山、珍惜亲人与朋友、有顽强的意志、远大的抱负、能勤奋地学习的大写的人。

——品读经典边塞诗，做个保家卫国的人。民族精神中的灵魂就是爱国主义，学生通过古诗的品读，可以受到爱国主义教育的熏陶，弘扬和传承爱国主义精神。

边塞诗是唐代诗歌的主要题材，是唐诗当中思想性最深刻、想象力最丰富、艺术性最强的一部分。边塞诗在内容上有一个共同点：抒发杀敌报国、建功立业的豪情壮志。指导学生吟诵边塞诗，可以感受到立志保家卫国的爱国主义情怀。

王昌龄是我国唐代著名的边塞诗人，写出了许多脍炙人口的诗篇，他的诗显著特色是具有奔腾澎湃的爱国热情，给人一种巨大的鼓舞力量。诗中表现的强烈的爱国主义精神，不是凭空产生的，而是在正确认识唐代边塞战争的基础上产生的，是当时社会斗争生活的反映。《从军行》七首之一“青海长云暗雪山，孤城遥望玉门关。黄沙百战穿金甲，不破楼兰终不还”就是他的代表作，在教学这首诗时，我首先带领学生了解四句诗所描写的内容。诗的前两句从景物描写入手，情景交融。首句“青海长云暗雪山”写浩渺的青海湖上空弥漫着浓密的长云，在湖的对岸横亘着绵延千里的茫茫雪山。第二句“孤城遥望玉门关”写孤城与玉门关遥遥相望。前两句描绘了一幅广阔的画面，作者抓住了边塞典型的景物。第三句“黄沙百战穿金甲”以黄沙百战，金甲穿破，点出征战时间之久，暗示战争的激烈频繁、残酷艰苦以及敌军的凶悍、边境的荒凉。第四句是写在这样的环境下，将士们发出“不破楼兰终不还”的以身许国的豪迈誓言。接着，引导学生感受诗中第一、二句所极力渲染的西北边疆空旷凄凉、条件艰苦、环境险恶的气氛，借以衬托远征将士战胜艰难困苦的大无畏精神，以及第三、四句中所表现出戍边将士奋勇杀敌的英雄气概，以及他们以身许国的豪情壮志。

另一首就是王之涣的《凉州词》:“黄河远上白云间，一片孤城万仞山。羌笛何须怨杨柳，春风不度玉门关。”王之涣这首诗是写戍边士兵的怀乡情。写得苍凉慷慨，悲而不失其壮，虽极力渲染戍卒不得还乡的怨情，但没有半点颓丧消沉的情调，充分表现出士兵虽思念家乡，但为了保家卫国而宁愿弃家的高尚的爱国情怀。让学生于诵读、吟咏这首古诗中品味诗歌的意蕴，在体会战士们深切的怀乡之情的同时，更让学生体会到士兵们孤独地驻守边疆时的那份拳拳的爱国之情，达到心领神会的效果。

通过吟诵边塞诗，让学生感动于战士们的勇敢豪迈，感受于战士们的爱国情怀，并在心中埋下爱国主义的种子，从小立志做一个保家卫国的人。

——品读经典山水诗，做个自豪的中国人。在我国悠远的历史文化的长河中，留下了许多诗人感怀山水的诗词歌赋。他们遍览祖国名胜山水，写不完祖国的山山水水，抒不尽悠悠的人文情怀，赞颂祖国山川壮丽，抒发诗人对祖国山河的无限热爱之情。

浪漫主义诗人的代表是李白，他写的山水诗语言清新明快，简洁凝练，是朴素平淡与典雅秀美的完美结合，具有极强的艺术表现力，出色地塑造了祖国山水的美好壮丽。例如《望庐山瀑布》:“日照香炉生紫烟，遥看瀑布挂前川。飞流直下三千尺，疑是银河落九天。”这是一首脍炙人口的千古绝唱，从唐朝至今被人们广泛吟诵。“瀑布挂前川”，写瀑布从山顶直垂下来，就像悬挂在山前河道的上空一样；“飞流直下”，写瀑布的水流迅猛如飞，一泻到底；“三千尺”，夸张地说香炉峰高，瀑布水长；“银河落九天”，用天河落地的奇特想象，比喻瀑布的壮丽景象和雄伟气势，读起来仿佛看见那银白耀眼的光泽，听到那惊心动魄的轰响。从“遥看”到“疑是”，由见景而生情，使人感受到诗人欣赏瀑布时的兴奋和喜悦：啊，我当是银河从天上跌下来啦！这首山水小诗，写得有声有色，情景交融，深深地激发着人们对庐山风光的向往和祖国山河的热爱；而庐山瀑布，它的形象也随同这首诗，宛如天上皎洁明亮的银河，在读者眼前闪闪发光，永不消逝。

古代山水田园诗歌流畅、质朴、清新，有强烈的生活气息和民俗风情。指导学生去吟诵这些优美的山水诗，可以让学生在感受祖国优美的语言文字的魅力之余，还能欣赏故乡的山山水水，了解各种民俗，从而激发学生的爱国主义情怀，加强学生对中华民族的归属意识，从而使每一位学生为自己是一名中国人而自豪。

——品读经典离别诗，做个有情有义的人。人格养成教育是民族精神教育的重点内容之一，帮助每一个学生塑造健全的人格是教师义不容辞的责任。品读古诗，可以教育学生做一个珍惜感情、懂得感恩的有情有义的人。

古诗中的送别诗常常表达恋恋不舍、依依惜别的感情或相思之情。叙写朋友或亲人间的深挚情意，主要通过典型的场景语言，声音、动作或想象来传达离情别意。让学生诵读送别诗，要让学生感受送别诗中的那份意境，感受诗中所蕴含的真挚情意。

李白的《赠汪伦》："李白乘舟将欲行，忽闻岸上踏歌声。桃花潭水深千尺，不及汪伦送我情。"这是经典送别诗之一。教学中，老师带领学生走进李白的情感世界，感受李白在好友相送即将远行时那份依依不舍之情，感受李白与汪伦深厚的友情。诗的后两句：桃花潭水即使有千尺深，也比不上汪伦送我的情谊深厚。夸张的手法把深深友人情刻画得淋漓尽致。再看李白的另一首《黄鹤楼送孟浩然之广陵》："故人西辞黄鹤楼，烟花三月下扬州。孤帆远影碧空尽，唯见长江天际流。"这首送别诗的第三、第四句既是写景，更是写情，孤帆的影子都消失了，只有思念像长江水永远流在心中，读来让人深刻感受到浓浓的情意。通过诵读李白的《赠汪伦》和《黄鹤楼送孟浩然之广陵》，使学生受到诗歌的熏陶与感染，与诗作者的情感产生共鸣，明白珍惜友情是我国的传统美德和民族情怀，我们平时也要珍惜身边的同学、珍惜友谊，在你困难的时候，就会得到大家的帮助，这样大家就能更和睦地相处，更快乐地成长。

还有一首脍炙人口的离别诗就是《游子吟》："慈母手中线，游子身上衣。临行密密缝，意恐迟迟归。谁言寸草心，报得三春晖。”这首诗是通过游子感恩之心，来表达母爱的伟大。这是一首母爱的颂歌。诗的开头两句，所写的人是母与子，所写的物是线与衣，然而却点出了母子相依为命的骨肉之情。中间两句写慈母，表现了母亲对儿子深深的爱。最后两句通过形象生动的比喻，寄托赤子炽烈的情怀以及对母亲的感恩之心。教学这首诗时，我着重让学生走进母爱子、子爱母的感人瞬间，联系自己和妈妈，体会妈妈对自己的爱，让学生从小学会爱自己的妈妈，感恩自己的妈妈。

通过吟诵送别诗，学生充分沉浸到作者的情感世界中，体会到诗中朋友、母子间的深情厚谊，让学生明白要珍惜身边的好朋友，孝敬父母，做一个有情有义的人。

除了边塞诗中的舍身为国、山水诗中的爱国情怀、离别诗中的深厚情谊，顽强的意志、远大的抱负、勤奋地学习等都是我们现在所要弘扬的民族精神，而这些内容在学生诵读一些经典古诗时也能得到启迪。如《赋得古原草送别》中的“野火烧不尽，春风吹又生”，就告诉我们要学习小草的顽强斗志；《观书有感》中的“问渠哪得清如许，为有源头活水来”，就是告诉我们要多读书，不断地学习新的知识；《登鹳雀楼》中的“欲穷千里目，更上一层楼”，则告诉我们每个人都应有昂扬向上的进取精神。

古诗意境深邃隽永，渗透着中华民族伟大的民族精神。

二 中华优秀传统文化与文化育人

文化，是育人的内容和方式，也是学生获取健康营养的主渠道。

中华优秀传统文化，集中华民族历史文化之精华，涵盖五千年的文化精神财富，是文化的巨大能源库，也是文化的硕大资料库。

文化育人，就是以中华优秀传统文化的乳汁滋养学生的心灵，就是用中华优秀传统文化的精髓强壮学生的筋骨，就是用中华优秀传统文化的根系维护学生的命脉。而以文化人，正是优质教育的特征，也是优质办学的特点。

（一）汲取二十四节气的营养

中华民族传统文化有着悠久的历史，博大精深，层次多样，不仅有璀璨文化的传统，而且有着多彩的传统节日。传统的节日和节日风俗是中华民族传统文化的一个重要组成部分，也是中华民族有别于世界不同民族文化的重要标志，是中华儿女共同的文化记忆，因此，弘扬传统文化，要想传承、创新，就要依托传统的节日和节日风俗。

农历二十四节气，是我国古代制定的一项用于指导农业生产的重要方法，也是历法制度的重要组成部分。

我校以中华优秀传统文化为特色，结合学校“闵乐乐七彩博览会”少先队活动课程中“创新科学技术馆”的课程学习，坚持“学习演绎—体验感悟—实践探寻”路径，以二十四节气为突破口，进行深入研究。走近二十四节气，了解与之有关的诗词农谚、民间风俗、饮食养生、农事规律等知识，领略这一非遗项目的博大精深，感受中华优秀传统文化的魅力，提升学生核心素养。

1. 尊重自然观察气象

二十四节气，是中华民族先人的伟大发明，最能反映顺应天时、人与自然和谐统一的基本观念。我国气候资源丰富，自然资源丰富。在长时间的社会生产中，我国人民知道了传统节气包含的意义，能够用它指导生产和生活，总结出许多关于气候预测的谚语，如沪浙地区：“立春雨早，早起晚睡。”“惊蛰不动风，冷到五月中。”“立夏不下，犁耙高挂。”“小满不满，干断田坎。”“冬前不见冰，冬后冻死人。”又如关于节日的谚语："腊月过大年，土家人上前。”“正月大摆手，家里有肉酒。”“三十火，十五灯。”“初一不出去，初二不拜家神，初三不拜丈夫。”二十四节气通常用于指导农业活动，人们按照春生、夏长、秋收、冬藏等节令特点来安排日常生产和生活。随着社会的不断发展，科学技术的进步，物品的流通方便，四季分明变化，对人类生存的影响也逐渐减小。但在认识人与自然之间的关系上，二十四节气还是具有积极的教育意义。第一,二十四节气是先人长期积累下来的经验的总结，是宝贵的文化遗产，尤其是二十四节气的背后，蕴涵着民族的传统风俗和深刻的文化沉淀，值得我们进一步阅读和继承；第二,二十四节气是对大自然的认知，掌握了农作物的生长，观察了生物的活动规律，认识了人的生活节律，具有很大的意义；第三,二十四节气显示了自然的规律，人们不断地与自然交往，了解到只有对自然的尊重和顺应，才能达到人与自然和谐统一的“天人合一”的境界；第四，只有在社会的发展过程中学习与传承，才能不断地与时俱进，赋予二十四节气新的内涵。

以秋分“我是小园丁——节气种植体验”活动为例，学生在学校“闵乐乐种植园”种植各式各样的蔬菜，观察蔬菜的成长过程。学生通过查阅资料发现，青菜、茼蒿、大蒜等植物最适合秋冬节气生长。学生了解到白露是种蔬菜的好时节，他们就在那个时间抓紧播种，没过几天，小苗就破土而出了！白露过后的秋分、寒露时节蔬菜生长很快，很缺乏营养，需要适时施肥。霜降以后就是立冬，天气十分寒冷，蔬菜可能会被冻“感冒”，学生们就给青菜们盖上一层干草被子，让它们健康过冬！在种植过程中学生每天记录下植物的生长情况，绘制成植物生长小日记，收获满满。学生通过二十四节气的学习，了解节气中体现的物候变化、农事规律，获得满满的成长体验和收获。

2. 参与社会主动探究

在开展二十四节气活动时，学校、家庭和社区联合参与，学校把中国二十四节气探究与教育社会实践紧密结合，充分利用各种社会实践资源，为各项活动开展提供支持，在二十四节气的体验中增强学生的社会参与，提升学生主动探究的核心素养。

以“霜降到——农田趣游忙割稻”活动为例，学生走进上海浦江亮苗专业合作社进行“霜降到——农田趣游忙割稻”农耕体验活动，探究如何用好农具——镰刀，如何打谷，水稻的外形有什么特征……经过探究，学生发现镰刀有一面是弯的，需要拿弯的那一面割稻；学生还发现一手抓着稻秆，一手拿着镰刀，前后用力才能割得又快又好。紧接着，学生探究学习如何打谷，初步体验了用“踩、甩、脱”的人工方式把稻谷脱粒；通过看、摸、闻等方式观察水稻的根茎、稻穗的特征，主动探究水稻的特点。

随着实践活动的展开，学生活动的经验也越来越丰富，对不同时期相应的作物也有更多的探究和了解。经过主动探究，学生发现清明前后，正是许多果树开花的时间；芒种到夏至这半个月，是夏收、夏种、夏管大忙高潮。实践让远离乡村的孩子们也能继承祖辈丰富的农耕经历，亲身体会节气文化的源远流长，并且在二十四节气的体验中，增强学生社会参与度，提升学生主动探究的核心素养。

虽然现在科技发达，农业生产可以利用先进的气象技术来帮助耕作，但是在今天看来，节气的自然教育内容依然有着十分重要的教育价值。学校开展二十四节气自然教育，可以引导学生认识自然、了解自然事物之间的关系，在自然之中进行科学探究的实践活动，是拉近学生与自然关系最好的媒介。

小学教育是整个教育过程的基本阶段，这一阶段的教育任务就是让小学生有更多的时间来掌握基础知识，使他们在有限的时间里获得更多有价值的知识。中国的传统文化教育不仅是让学生学到很多知识，更多的是对情感和民族特质的熏陶。它是人文教育的一种，重于传统的人文精神观念的传播，其目标是提高学生的人文素养。学校开设二十四节气课，将二十四节气课程融入校内，将节气教育的意识扩大到各个科目，从而改变教学战略和学校文化，唤起学生对传统节气文化的兴趣，在开展过程中，让学生引领家长，带动更多的群体，学习这些逐渐淡去的传统文化。

以学校开展的诵读诗文经典活动为例，在这次活动中，学生诵读了关于二十四节气的经典诗文。在雨水的时节，学校组织学生念读“好雨知时节，当春乃发生。随风潜入夜，润物细无声”。春分时，学校组织学生念诗“春分雨脚落声微，柳岸斜风带客归。时令北方偏向晚，可知早有绿腰肥”。通过诵读经典诗文活动，学生乐于学习二十四节气诗词，善于从二十四节气诗词中探寻二十四节气的小秘密，提升了乐学善学的学生核心素养。

3. 学会沟通健康生活

我们观察和分析二十四节气的传统文化与学校的教育实践时，发现在学校教育中，教师与学生、教学内容与教学机构相对应。在交往过程中，主体有共同的认识基础，有共同的期望，有共同的目的，这就是杜威所谓的“共同心理”。一个人生的共同体，无论是社会组织、民间组织，还是学校里的班级，在师生的群体中，都必然有机会与其他事物相结合。在节气活动中，学生走进了自然，认识了自然，与自然和谐地相处，平衡了自己的内在和外部世界。马克思认为，人的本质就是一切社会关系的总和，社会关系是人与人交往的结果。学校是培养学生的特殊场所，由“教”和“学”双向互动组成，是学校教育中最核心的一对关系。之所以称教学为“双向互动”，是因为考查教学主体和教学性质，必须放在两者之间的“互动”与“关系”之间才能清楚。叶澜分析了教育的可能和必要性，认为在人类社会，教育是从交往中产生的。交往中常伴随着主体的认知、情感、意志等，从广泛上讲，它是教育的一个属性和一个组成部分。交往双方的主体形成了相互影响的心灵世界。交往的一个重要特点就是参与的双方或多方之间可以进行交流，进而互相理解。这“为这种关系和互动的顺利进行提供了手段性和情境性的保障”，这最终还可以使学生加强与社会、老师、父母之间的交往能力，使学生能够在学习二十四节气时，加强与社会、老师的沟通能力。

二十四节气具有很重要的健康教育价值。它对我们的衣食起居具有重要的指导价值，已经深深融入我们每个人的生活之中。在学校教育中，开展与身体保健相关的课程，能促进学生对身体的了解，从而对自身爱护，养成健康的生活习惯。古人透彻地体悟了自然，使他们明白了自然的有节奏、有韵律，通过二十四节气，可以看到人生的节律，人生的节律必须是遵循自然节奏，才能“天人合一”“健康成长”。随着人们生活水平的提高，以及人们对自然和人类身体的关系认识不断深刻，越来越多的人走向了养生之路，人们在饮食、休息等方面都有科学的合理安排。人们可以根据自己的身体状况或者通过调整饮食来保养或改善身体，使自己处于健康的状态。唐朝孙思邈在《摄养论》一书中提及：“二月肾气微，肝当正旺。宜减酸增辛，助肾补肝。”这清楚地告诉我们，节气转化，身体各器官状态也会随之变化，要注意保养的方法。雨水节气中，还要注意防止“倒春寒”，因为在进入雨水后，天气虽然暖和，但气候仍不稳定，忽冷忽热，乍暖又寒，要注意不要太早减衣，也就是我们所说的“春捂秋冻”，衣着要“厚上薄下”。此外，随着温度的回升，一些病菌也开始活动起来，因此，在雨水节气中，要注意个体保健，预防诸如流感之类的流行病。当下流行的中医学理论也关注人体的“阴阳平衡”，所谓“人体的阴阳平衡”，指的是“人体脏腑的平衡，寒热的平衡，气血的平衡”。其总原则是阴阳协调，实质上是阳气与阴精的平衡，即人体各种功能与物质的协调，这与一年内二十四节气的阴阳变化相符。

中国饮食文化博大精深，源远流长。经过历史岁月的沉淀，在中国，饮食早已超出了它本身的意义。二十四节气中的有些节气依然是中华传统节日，节气的风俗流传至今，具有其特定的文化内涵，凝聚着中华民族的智慧，体现着中华文明的特点。以“冬至”节气为例，它既是二十四节气之一，又称为“冬至节”，是一个传统节日，是个家人回家团聚的日子。让学生和爸爸妈妈一起动手做一道普通的美食佳肴，体现着一份真挚的亲情，让我们的节气更有了庄重的仪式感，让我们的亲情更具有生命活力。通过美食的享受，把节气过得温馨起来，过得特别有意义。学校里的学生来自五湖四海，传统节日的美食分享，让学生们看到了不同的地域文化：冬至节，北方吃饺子，南方吃汤圆，学生们了解到上海人冬至还吃烧饼。

（二）撷取儒家文化的精华

文化育人，学校以中华优秀传统文化中的经典作为切入口，进行有文化的传承，实施有文化的教育，并以学习儒家文化为重点，积累了丰富的经验。

1. 贯通梳理儒家文化

儒家文化是以儒家思想为指导的文化流派。儒家学说为春秋时期孔子所创，倡导血亲人伦、现世事功、修身存养、道德理性，其中心思想是孝、悌、忠、信、礼、义、廉、耻，其核心是“仁”。

中华民族传统美德，是优良的民族精神、崇高的民族气节、高尚的民族情感和良好的民族习惯以及优秀的道德品质的总和。根据学生年龄小刚入学，道德认识处于萌芽状态的特点，萃取儒家思想中的“治学（智）”“为人（仁、孝）”“处事（信）”四方面内容，与中华传统美德中的“好学”“厚仁”“敦亲”“诚信”内容进行有效的梳理和整合，提高传统美德教育的实效性。基于这样的认识，学校构建了萃取儒家文化精华、有效落实中华传统美德教育的运行机制。如下图所示：

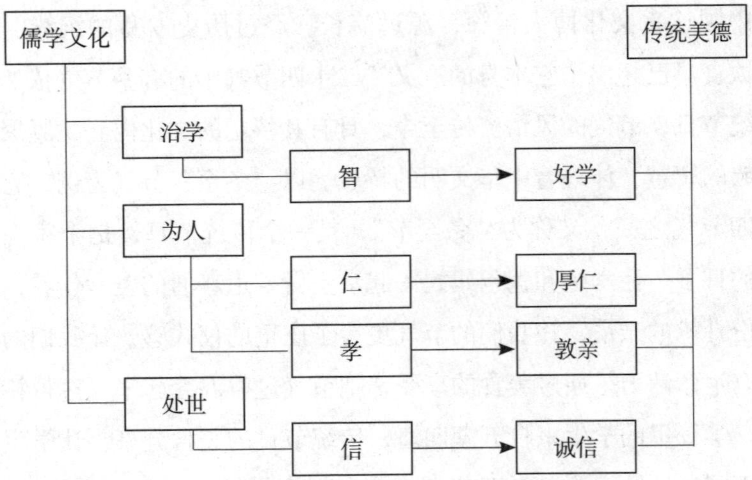

在实践研究的过程中，我们将萃取的儒家文化精华——治学（智）、为人（仁、孝）、处世（信），融入了中华传统美德——好学、厚仁、敦亲、诚信内容中，相辅相成，融合共进。儒家思想为传统美德教育提供了丰厚的资源，同时当代的教育又赋予儒学思想新的时代内涵。它激活了德育教育资源，将儒学思想与中华传统美德朝着贯通的综合方向发展，使教育内涵深化、外延延伸。它激发了教师的创造性，将优秀传统文化资源用足用好，推动现代德育工作。它激发了学生的道德情感，使学生学会学习，孝敬师长，与人为善，诚实守信。

2. 渐进学习儒家文化

在实践探索过程中，渐进学习儒家文化经历了四个阶段。

第一阶段：学习培训，增强儒学思想底蕴。

儒家思想也称为儒教或儒学，由孔子创立，最初指的是司仪，后来逐步发展为以尊卑等级的“仁”为核心的思想体系，是中国影响最大的流派，也是中国古代的主流思想。儒家学派对中国、东亚乃至全世界都产生过深远的影响。要将几千年的文化瑰宝运用于现代的教育教学中，首先我们必须去认识它、了解它，从而走近它，增强自己的文化底蕴。

静心研读，走进儒家经典——儒家文化在封建时代居于主导地位，《十三经》作为儒家文化的经典，其地位之尊崇，影响之深广，是其他任何典籍所无法比拟的。儒家经典对于社会的影响无时不在、无处不在。了解和研究中国封建社会的方方面面，不能不阅读《十三经》。《十三经》是儒家文化的基本著作，就传统观念而言，《易》《诗》《书》《礼》《春秋》谓之“经”，《左传》《公羊传》《穀梁传》属于《春秋经》之“传”，《礼记》《孝经》《论语》《孟子》均为“记”，《尔雅》则是汉代经师的训诂之作。这十三种文献，当以“经”的地位最高，“传”“记”次之，《尔雅》又次之。

专家引领，从茫然走向明朗——研究之初，我们对儒家文化的认识还是比较肤浅的，对如何将几千年的中华文化精粹传承给新时代的孩子更是茫然不知所措。但是，随着一次又一次的专家来校交流、讨论、切磋，大家的意见得到了统一，目标也在这一次次的磨合中越来越明确。尤其是闵行区教育学院课程研究室的专家们，对学校的儒家经典走入校园提出了不少建设性的意见和建议，这些指导和帮助犹如一场场及时雨，让我们更深刻地认识了课程的内涵。

2012年8月30日，围绕“走进儒家经典，提升教师素养”这一主题，华东师范大学教育学系黄向阳博士应邀来校做了“和孩子一起读《论语》”的专题培训。黄博士从《论语》开篇展开，运用生动的事例，深入浅出，小故事蕴含大道理。现场反响热烈，引发了教师们的共鸣并激发了进一步探索的愿望。该讲座展示了诸多具可操作性的教育教学方式，为提升教师育德能力奠定了坚实的基础，也为学校对儒家经典的进一步深化研究和实践指明了方向。

为更好地开展“走进儒家经典，提升教师素养”校本培训工作，2012年9月17日、10月29日，上海市特级校长、特级教师张蔚芹两次来校做了“学校开展儒家经典教育的意义”“人文精神和教育”主题讲座，让大家进一步认识人文精神与教育的联系。“现场解读”，“引经据典”，让大家意识到经典就在日常生活中体现，经典亦可根据学校教育教学的特点有效进行落实。

2013年5月17、18日，由北京师范大学课程与教学研究院、育灵童教育研究院和学校共同举办的主题为“雅言传承文明，经典润泽心灵”的上海市小学国学经典课堂教学观摩培训活动，吸引了来自各地教育主管部门相关负责人、小学校长、教学主任及骨干教师前往参与，为期两天的活动通过研讨课、观摩课、专家讲座等形式，认真落实教育部、国家语委国学经典“进校园、进教材、进课堂”的会议精神，搭建了学习、交流和合作的平台，共同研磨博大精深的中华传统文化，并将此与现代文化进行良好的对接，为进一步深入开展国学经典教育课程与教育研究奠基，让民族文化支撑起国家和社会的脊梁。

这些专家引领性的指导，是我们在萃取儒家文化精华、开展传统美德教育研究中取得的宝贵财富。

第二阶段：萃取儒家文化精华，融入中华传统美德教育。

根据学生特点，萃取儒家文化精华——仁、孝、信、智。儒家思想丰富复杂，根据班级孩子刚入学不久，年龄尚小，又进入一个崭新的生活学习环境的特点，如何获得良好的学习习惯，如何与同伴相处，如何对待师长是摆在他们面前的至关重要的课题。结合学校近年来开展的“聚焦诚信、责任，走进儒家经典”中华传统文化教育系列活动。我们萃取了儒家思想中的关于为人（仁、孝）、处世（信）、治学（智）三方面四大点的内容，有针对性地对孩子开展中华传统美德教育。

对应儒家文化精粹，确立中华传统美德教育内容——厚仁、敦亲、诚信、好学。儒家文化的精粹也是中华传统美德的最好体现。根据儒家精粹在为人（仁、孝）、处世（信）、治学（智）三大方面的内容，学校从中华传统美德中寻找到了相对应的内容，即好学、厚仁、敦亲、诚信。两者有机地整合，互相促进与补充，将切实提高德育的育人价值。

第三阶段：确立班级传统美德教育之分阶段教育目标，制订实施方案。

自主设计，固化文本——根据《中国“小公民”道德建设计划》《学校行规分层分阶段教育目标和实施方案》及学校“崇德敏智”的育人目标，以儒家思想为指导，梳理出研究实践的核心内容——“仁”“孝”“信”“智”，整合语文、品社教材中的相关内容，从而确立班级中华传统美德教育的分层分阶段教育目标，制订适合本班学生的实施方案。迄今为止，已顺利完成了《班级中华传统美德分层分阶段教育目标和实施方案》，为开展中华传统美德教育奠定了扎实的基石。

专家指导，优化文本——开展以儒家思想促中华传统美德教育的研究，依托学校强有力的后盾力量保驾护航，推波助澜。《班级中华传统美德分层分阶段教育目标和实施方案》草拟时，便听取意见和建议，并及时做出修改，使修改后的方案更加符合小学低年级孩子的特点，更加切合学校发展方向，也更具有可操作性。

依据方案，践行文本——《班级中华传统美德分层分阶段教育目标和实施方案》出台后，便充分利用德育阵地、教学阵地、活动阵地，有计划、有目的地开展实践研究工作，发现问题及时调整方案，让此方案更加切实可行。

第四阶段：设计国学教育主题班会案例，践行中华传统美德教育。

学校规定每学期的主题班会内容由年级组、班主任老师自行确立。老师们抓住这一契机，紧紧围绕儒家思想精粹——“仁”“孝”“信”“智”，确立主题，并围绕主题内容分阶段分层次开展中华传统美德教育，力争让每一次主题班会都成为学生感受儒家思想精髓的时刻，感受中华传统美德魅力的时刻，从而让学生产生作为炎黄子孙的自豪感。

（三）备尝儒家经典的滋味

“经典”是一个民族博大智慧和美好情感的结晶，所载为至理常道，折射着人文的光芒，其价值历久而弥新，任何一个文化系统皆有其永恒不朽的经典作为源头。“儒家经典”博大精深，不仅影响中华民族，而且影响世界，在当今社会对人生教育更是尤为重要，特别是对少年儿童在学校教育中是必不可少的精神食粮、道德营养。

一个人在其儿童阶段心灵最纯净、记忆力最好的时候接触最具智慧和价值的经典，可以奠定他一生高远的智慧和优秀的人格基础，成为他一生中不断消化、理解、受益的文化根基。

1. 品尝经典的浓厚

儒家经典浩如烟海，不过，并非所有经典都要诵读，适合孩子成长需要的才是最好的。学校精心遴选出与传统美德教育（厚仁、敦亲、诚信、好学）相呼应的经典让孩子品读。所选的内容历经岁月淘洗，具有穿越时空的魅力，闪耀着思想的光芒，散发出人性的光辉，传递着崇高的传统美德，语言优美，朗朗上口，脍炙人口，是语言表达的典范。推荐给孩子读《论语》及《行——行为有度》《毅——毅力坚忍》《朴——质朴简约》《谨——功成于谨》等儒家经典故事。浩瀚的经典故事吸引着孩子们博览群书，在经典中感受文化大餐之浓厚，收获文化大餐之真知。

2. 感受经典的多元

教室是学生读书成长的最重要环境，是学生心灵栖息的地方，因此，设计的时候必须与班级特色创建、班级文化相映衬。近年来开展萃取儒家经典的传统美德教育，因此在教室布置上用心设计，突出“中华传统文化”这一栏目，根据低年级孩子的特点，抓住几个传统节日的教育契机，让孩子浸润中华传统文化。中秋节，让孩子们了解“嫦娥奔月”的故事，懂得“举头望明月，低头思故乡”的思乡之情；重阳节，让孩子们在感受祖辈关爱的同时，也能为爷爷奶奶捶捶背、揉揉肩，尽一份孝心。充分挖掘班级墙壁的功能，让每一堵墙壁都开口“说话”，努力营造一个安静、无干扰的阅读环境，制定相关经典诵读制度，让孩子们互相交流经典诵读好方法。安静、舒适的经典诵读氛围，使儿童安心乐读，从而实现意蕴的传导、生命的激发、心灵的引渡。通过诵读经典这扇窗，他们欣赏到的将是“餐厅”外最美丽的风景。

3. 经历经典的苦味

儒家经典的诵读，秉持着“书读百遍，其义自见”“书声琅琅，润物无声”的原则。儒家经典是历史和文化的积淀，是情感的浓缩，对于经典的一字一句，不强求孩子一一完全弄清楚、搞明白，这有别于当下的语文教学。儿童的记忆力最强，首要任务是诵读、积累，再诵读、再积累……孩子阅读古文感到枯燥，阅读障碍一个接着一个，这时，要鼓励孩子们迈出勇敢的步伐。面对经典诵读中的挫折和困难，老师给他们找身边的学习榜样，让学生用身边的榜样来激励自我；鼓励他们多讲故事，多记日记，多画画，多坚持摘录积累。孩子从学校图书馆借来的中华传统文化读本，里面蕴含着丰富的儒家经典故事，但由于低年级孩子喜爱图文并茂的读本，对类似这样的文字书籍，一上手就不太接受。因此，在有些孩子读不下去准备放弃时，老师便设法用经典的励志故事激励学生坚持阅读，在实际行动中品味经典诵读的真滋味——先苦后甜，品味经典诵读的真谛——不经历风雨，怎么见彩虹？随着岁月的流逝，孩子们阅历的不断增加，储备下的文化冰山定会慢慢融化，孩子们会慢慢品尝到这杯茶苦涩滋味之后的甘甜。

4. 收获经典的甜味

经典诵读的主要形式是“读”，但又不是单调的“读”，即便是最本色的“素读”，也可以融入接力、递进、唱和等游戏或表演形式，以此来增加诵读的兴趣，消除疲惫感和倦怠心。如为了避免孩子诵读的疲劳和倦怠，采用“化整为零”的方法，经典诵读的时间分散穿插到每天在校学习生活的不同时段，如晨读、课间、午间，让孩子放开喉咙，“摇头晃脑”大声读，读出韵味，陶醉其中。学生通过一定数量的阅读，增长了知识，拓宽了视野，还有针对性地开展丰富多彩的经典诵读活动——精彩的课前三分钟、传统美德小故事比赛、经典诵读比赛、手抄报比赛、读书日活动、家长开放日活动、学校艺术节等，为孩子们展示自我提供机会、搭建舞台，让他们在多样的活动中体验价值，收获快乐。这道精心烹饪的经典文化大餐，令孩子们人人垂涎三尺——经典诵读不愧是最美丽的艺术珍品。

（四）发挥武术教学的作用

中国武术不仅是一门专业体育技能项目，它所体现的浓郁民族文化特质更具有强大的文化包容负载力，在它强大的生命力与独特性中，彰显的更是中国文化的基本精神。比如："武以德立"强调民族以"仁"为核心的和谐人际关系。武术作为一种武技，对人具有重要的武德教育作用。武德可以理解为掌握武技的人所应具备的道德，是习武者为把握社会、实现社会价值而建立的自我约束与精神自律体系。

在小学武术教学中如何体现武德文化教育，首先是教师自身专业素养的规范，小到课前课后的"抱拳礼"，以及平时行为准则的谦逊礼让都应潜移默化地引导学生，树立良好的道德礼仪。除此之外，拓展学生学习视角，多角度地介绍武术文化，应用多媒体观看武术比赛、个人演练，例如在个人技艺所展现的意境与韵味中去体悟武术内在的传统文化审美。总之，注重武德教育的渗透，可以提高自我能力的修养，增强学生的社会责任感。

1. 加强武德的陶冶

一直以来，传统文化是民族精神的延续，让武术走进校园，将中国传统文化渗入教学实践中，这将有着重要的实际意义。未曾习武先习德的古训至今依旧作为教武育人的准则，亦是中国武术礼仪德育观念的体现，一脉相承地将传统文化与现代教学结合在一起。那么在体育教学的课堂中，教授的不仅是武术运动技能，更为重要的是加强武德修养教育，即注重文化内涵、气节精神与武术动作本质的融合。

因此，在少儿武术教学与训练中渗入武德教育是提高少儿习武兴趣的有效途径之一。在武术教学中，教师要应用切实有效的教学方法激发学生学习的兴趣。对于小学生而言，兴趣是关键，开展武术操活动，以简单的小套路组合为主，教给学生拓展创编的方法，提高对学生武术技能的培养；其次在教学中，以英雄人物故事烘托背景，激发学生自强气质的培养，拓展教学内容，拓宽学生的知识面。在传授武术技能过程中，把传统文化与武术教学进行有机结合，把武术的内涵进行深层次的挖掘，比如，武术谚语“未曾习武先习德”，“德”被放在“武”之前，这与武术的礼仪“抱拳礼”也一一对应，左手为掌，右手为拳，“掌”代表礼仪，“拳”代表武力，以掌盖拳，先礼后兵。通过形象的掌形以及拳法的介绍，一语双关地将武术的礼仪文化与精湛的武术技能结合起来，在教学中注重武术文化德育的渗透，让学生知其所以然，感受到传统文化思想的熏陶。

2. 提升武礼的文明

在武术教学中，强调习武重德育，心胸要宽。对学生礼仪教育的提升不仅可以体现在课堂教学中，还通过走进学校社团活动、海报、广播传媒、艺术节等活动，对武术进行宣传展示。以声音、图片、视频的形式传播武术文化，加强对学生的思想品德的教育与情操道德的熏陶，让学生在校园中以良好的礼仪风范规范自己的行为举止，更好地领略武术的内涵和真谛，以高尚的武德去树立自己的形象。

在武术教学中，教师应为学生提供展现才能的武术平台，创造更多的机会，让学生去体验武术的魅力，获得在武术中成功的体验。教师多以鼓励、赏识教育为主，让学生建立自信，培养兴趣，保持良好的心态。此外，在武术教学的教法中，可根据学生的兴趣爱好加以指导，精心地设计与构思，通过探究体验等方式凸显武术教学的特色，多元化、多视角地获取武术信息，多角度地渗入文化素养，达到文武兼修，即武术技能与传统文化的教育并举，使中华传统文化得到继承与发展。

3. 强化武教的品质

教育是弘扬民族精神的基础，武术教学在小学阶段中的先导性能帮助学生体悟武术的本质特征，即武术技击性。要实现武术教学的德育目标，升华武术文化教育，这就需要教师针对武术教学的特点去升华教材中的育人价值。如：武术教学基本功以及套路的练习，培养的是吃苦耐劳、坚韧不拔的精神；而在集体项目中，培养的则是学生之间的团结谦和、勇敢顽强的品质。因材施教、分清层次的武术教学更有利于武术文化的渗透，武术教学的德育价值也将发挥到最大化。

在武术教学中必须明晰动作的结构、发力特点、应用技巧，建立实际应用与理论之间的思维空间。武术技击性质的凸显则需要学生的想象能力和逆向思维的发展，而武术教学中的技击方法可以培养学生发散思维。武术技击的应用是可以灵活多变的，让学生形成学习思维，从不同的角度方向学会思考，进而找到解决问题的途径与方法。在这个过程中武术技法的学习让学生受到中华传统文化的熏陶，领悟武术蕴含的武术精神，从而提升学生的德育修养。

三 中华优秀传统文化与环境宜人

环境，是一种教育氛围，也是一种熏陶情境；是无声的教育视域，也是天然的随机教材。

中华优秀传统文化，为环境渲染提供了最好的素材，是环境文化的重要资源。而环境创设，也为中华优秀传统文化的弘扬准备了好的场所。

内容丰富、形式多样的环境，使中华优秀传统文化获得了最好的呈现载体。

（一）环境布置的主角

让环境成为中华优秀传统文化的“形象大使”。传承中华优秀传统文化，对校园文化布置产生了导向作用。

1. 国学内容的上墙

学校围绕中华优秀传统文化的内容，尤其是国学内容，对校园环境布置进行了整体构思和设计。

学校抓住“校安工程”这一契机，对校园环境进行设计与调整，充分利用墙壁、走廊、橱窗等阵地，精心构思、巧妙布置，努力凸显学校核心办学思想，优化校园育人环境。

现在，一走进校园，师生就能与中华优秀传统文化“面对面”亲密接触。

每天早上，当学生跨入学校大门的时候，墙上的“孔子”以他深邃的哲人目光，注视着充满生机的校园，迎接着一个个活泼的身影。也许，先哲也明白，其儒家思想精髓在几千年的历程中已深深植根于中华民族的精神领域之中，其文化道德思想的优秀精华成为一代代人的精神支柱。

中华优秀传统文化的代表形象宛如亲师，在热情地迎候师生，师生则对崇敬的历史人物顶礼膜拜，形成了一种交会的气场。

学校注重从营造中华优秀传统文化传承的校园氛围着手，让师生时刻感受着中华民族几千年传统文化的历史积淀和强大的生命力，尤其迎面展现的是巨幅浮雕墙，儒家文化的代表人物孔子与现代的师生形象，完美地结合在一起，展现了传统文化与时代精神的巧妙融合——穿越几千年的时空，孔子向我们走来，以他的优秀思想文化让师生自豪，携起传统文明礼仪走向未来……

浮雕作品《文明之路》，以恢宏的气势和巍峨的形象，展现在师生眼前。我国古代先贤孔子的形象，在书本画卷的映衬下，表达了“传承文明，开拓创新”这一鲜明的时代主题。

“忠”“孝”“礼”浮雕文化墙，突出了国学的形象和内涵。传统节日、中国名胜古迹、国粹艺术、科技长廊、童谣宣传栏等，琳琅满目。

进入校园，教学楼门楣上的“知礼，乐学”，侧面墙上的“懂规范，乐学习，善交往”等铜字，无一不彰显着师生传承文明的情怀。

学校将二十四节气文化融入校园环境，努力营造中华传统氛围，整个校园洋溢着浓浓的节气传统文化气息，学生能够在现代化的校园中感受到源自节气传统文化的魅力。学校在校园环境设计上融入了二十四节气传统文化元素，例如：精心制作了“二十四节气”科普知识彩色展板悬挂在墙面，有二十四节气的介绍和有关二十四个不同节气的诗词、歌谣等，通俗实用的节气知识引来不少师生驻足观看。校园里浓浓的二十四节气传统文化氛围彰显了校园文化，在潜移默化中提升学生核心素养，践行社会主义核心价值观，增强学生社会责任、国家认同和民族自豪感。

学校充分利用墙壁、走廊、橱窗等阵地，精心构思、精心布置。校门口的中国传统文化墙、校园内的中国传统文化廊、教室里的中国传统文化栏，将中国传统美德、中国建筑、中国曲艺等进行浓缩展示，时时处处让师生置身浓厚的氛围中，深深感受中华传统文化。

2. 教室布置的上榜

中华优秀传统文化，成为教室布置的香饽饽。各教室开设凸显学校特色的“中华优秀传统文化”专栏，有的介绍《三字经》，有的宣传古代礼仪，有的贴上了学习国学的心得体会，一股浓烈的学习气氛扑面而来，使他们在参与、收集、学习和了解中华传统文化内容的同时，增强了民族自豪感，人文素养也得到了提高，更让他们知礼、懂礼，学会了宽容，品尝了快乐，起到了“春风化雨，润物无声”的效果。

学生作为学校的小主人，根据不同节气的内容制作探究调查小报，小组合作布置展板，在校园中营造浓浓的节气传统文化氛围。

（二）环境育人的熏陶

环境和氛围，对师生是一种无声或有声的教育。

1. 专题广播的悦声

学校利用课余和学生午餐时间，播放经典的历史评书、连载小说，让学生从小耳濡目染地接受优秀传统文化的熏陶。

同时，学校开设了“中华传统文化教育”专题广播，介绍中华优秀传统文化的相关知识，讲述中国历史宝库中的辉煌与精髓。通过广播收听，丰富了孩子们对历史知识的了解，进一步激发了孩子们对中华民族的自豪感。

2. 课堂氛围的浓郁

晨会课、班队会课、探究课上，学生们赏古诗文、品中国茶、唱中国曲、写中国书法、讲中国传统美德故事，学生谦逊有礼、行为规范、知书达理。

美丽的校园不仅优化了学生的学习环境，也使学生在潜移默化中学习儒学思想，传承灿烂的中华传统文化，从而健康快乐地成长。

第三篇

术与道：创新挺举引活水

中华优秀传统文化进小学校园，是新时期传承中华民族历史文化的必由之路，也是新时代开创社会主义新型文化的基础性工作；是弘扬社会主义核心价值观的题中之义，也是树立社会主义新风尚的基础性工作；是全面落实党的教育方针，完成立德树人根本任务，引导学生德智体美劳全面发展的良好载体，也是提高办学品质的基础性工作。

中华优秀传统文化进小学校园，这是一项长期工程，需要通过顶层设计进行全方位、立体化的结构谋划，使之具有稳定性、制度化；这是一项奠基工程，需要通过思想引领文化注入进行文化性、人文性的观念再生，使之充满建树性、内涵化；这是一项创新工程，需要通过载体重构方法创新进行目标性、达成化的日常努力，使之呈现坚固性、常态化。

一 中华优秀传统文化进小学校园的思路

正因为中华优秀传统文化博大精深，因此，传统文化进小学校园必须深入细致地进行整体设计，也就是说要有一个完备的思想、完整的思路，以便全面推进。

思想决定理想，思路决定出路。

经过多年的实践和探索，我们认为中华优秀传统文化进小学校园的思路必须科学、有序、有方。

（一）明晰传统文化进校园的“价值判断”

中华优秀传统文化进小学校园，不是简单的文化搬家，也不是移花接木，而是有着多重、多元的价值，主要表现为中华优秀传统文化的价值和中华优秀传统文化进小学校园的价值。

1. 认清本源的价值

中华优秀传统文化的价值，不仅由内涵决定、内容规定，而且由历史衡定、现实确定。关于其价值已在本书中多处予以阐述，这里不再赘述。

认清中华优秀传统文化的价值，对于坚定传承中华优秀传统文化具有十分重要的意义，是坚持不懈的根本动力。

认清中华优秀传统文化的价值，对于准确地传承其核心内核、精华真谛具有非常重要的作用，是坚定方向的思维过程。

认清中华优秀传统文化的价值，是厘清思路，科学有效传承的重要指引，是坚定不疑的信心力量。

2. 认清引入的价值

中华优秀传统文化进小学校园，对学校而言，是文化立校的创举，也是提升办学品质的举措，是将优质教育的“义”与中华优秀传统文化的“根”连接在一起的融合办学创举。

中华优秀传统文化进小学校园，对教师而言，是文化素质进一步提升的源泉，也是专业素养进一步提高的阶梯，是将教书育人的“本”与中华优秀传统文化的“脉”连接在一起的科学育人创新之举。

中华优秀传统文化进小学校园，对学生而言，是汲取民族精神乳汁，增强民族气节，增进民族自信的渠道，也是浸润优秀传统文化、提升做人品质的载体，是将幸福成长的“心”与中华优秀传统文化的“魂”连接在一起的纽带。

中华优秀传统文化进小学校园，是对精神文明、社会和谐的基础性贡献，是对社区稳定、家庭进步的奉献性付出，具有基础性和长远性的价值。

（二）明确传统文化进校园的“导向判断”

中华优秀传统文化进小学校园，不是跟风，也不是赶时髦，而是关注优秀的品质、文化的本质，注重其蕴含的育人的巨大资源和不竭的精神动力。

1. 服务于立德树人的根本任务

立德树人，关键在于德。而在中华优秀传统文化中，有关德的论述和阐释极为丰富，成为文化中的瑰宝。要让学生立德，首先要立中华优秀传统文化中的美德，同时汲取人类文明中的共同的道德规范。

中华优秀传统文化中的德，是学生养成社会公德、集体品德、个人品格的重要来源，也是成为有益于社会、有益于集体的有用之才的必备条件。

中华优秀传统文化中的德，是学校德育的重要内容，也是服务于立德树人根本任务的重要准则。

2. 服务于奠基成长的教育宗旨

为每一位学生终身教育奠基，是上海教育改革和发展规划确定的，这是教育的宗旨，也是办学的方向。

奠基，具有基础性的作用。奠基的内涵十分丰富，包括思想品德、学业知识、心理健康、生理健康、审美情趣、劳动技能等，反正是为学生发展所需要的。

小学是启蒙教育的始端，是奠基的“第一块砖”。而这块“砖”的质地极其重要，其中如何做人就是“关键要素”。

在小学生学习做人的最初阶段，用中华优秀传统文化作为立人的标杆，作为做人的引导，作为成人的阶梯，恰逢其时，正中其需。

中华优秀传统文化进小学校园，是以深厚的文化底蕴、深刻的文化内涵、深入的文化方式，为学生终身发展奠基准备了“第一块砖”。

3. 服务于优质办学的整体大局

优质均衡，是教育公平的必然要求，也是办学提升的必备条件。

办人民满意的教育，必须办出具有中华优秀历史积淀的优势，必须办出具有中华优秀传统文化集聚的不凡。办家门口的好学校，必须办出传承中华优秀传统文化的新面貌，必须办出让每一个家庭洋溢着文化、文明新境界的风尚。

而中华优秀传统文化进小学校园，为学校面对现实、面对未来整体优化提供了厚重的资源、强劲的动力和精神支柱。

中华优秀传统文化弘扬的办学品质提升，对学校进一步发展的整体提升具有重要的价值。

（三）明白传统文化进校园的“行为判断”

如何将中华优秀传统文化真正化为教育的力量、办学的能量，这不是光靠一两句口号就能实现的，需要思想依靠、规律遵循、视野扩大和行为建构，就是说将文化的传承建立在有“文化”元素的基础上，集中表现为科学。

1. 坚持实事求是

中华民族在五千年的发展过程中，形成了许多重要而又有内涵的思想、理论、道德、学识等，对推动不同时代的进步产生了重要影响，积淀了宝贵的财富。面对中华民族的巨大宝库，如今我们所说的中华优秀传统文化，是经过历史检验和时代筛选而归纳出来的优秀的文化系统。当然，由于历史局限和阶级演化等，在形成的文化中，有精华，也有不符合时代要求的。历史文化，当然是历史的产物，受到历史局限也是很自然的。

首先，实事求是地对待在中华民族历史发展中形成的文化，并用正确的世界观、人生观、价值观去审视。我们要抱着实事求是的态度，取其精华，去其糟粕，古为今用。

其次，面对小学生这样的群体，我们也要实事求是地根据其年龄特征和认知特点进行适合的教育。

再次，我们也需要用与时俱进的态度，融入现代的文化元素，使之更具时代性。

坚持实事求是，会让我们在传承中华优秀传统文化的征程上，走得更踏实、更坚定、更有效。

2. 坚持遵循规律

教育是一门科学，办学是一种艺术，育人是一道学问，来不得半点虚伪，容不得一丝虚假。

规律，永远是事物发展的法则。就是最好的东西，也需要最好的呈现；而最好的呈现，也必须是规律的体现。

中华优秀传统文化的传承是正事，中华优秀传统文化进小学校园是实事，要把正事办好、实事办妥，必须遵循规律。

中华优秀传统文化，有着自身的内容及其内容演绎的规律，这是一个系统，也是一种结构，其博大精深，不仅在于内容的精湛，也在于结构的缜密，更在于体系的完备。认清中华优秀传统文化的内在规律，有助于在传承中保持原汁原味。

中华优秀传统文化如何传承，严格地说也有规律。所谓天时地利人和，就是一种客观规律；所谓恰到好处，也是一种规律；所谓有所为有所不为，也是一种规律。宣传有宣传的规律，学习有学习的规律，传播有传播的规律。好的传承，就是遵循规律而为之。认知中华优秀传统文化传承的规律，将有助于在传承中保持线路通畅。

中华优秀传统文化进小学校园，更有规律可循。如何将这种进入从外部走向内部，从表面走向深入，从历史角度走向现实生活，如何将这种文化融入教育的全过程、办学的全方位、育人的全天候，这是有讲究的。

学校在遵循规律的过程中，通过课程、活动的分配，环境、条件的匹配，资源、人力的适配，将中华优秀传统文化从“外来客”变成“俏主人”，实施了一系列富有规律性的探索，也成为中华优秀传统文化进小学校园的“闵小方案”。

3. 坚持循序渐进

教育，是一种消化与转化间的平衡，也是循序渐进的演变。

面对中华优秀传统文化的巨大教育资源，学校坚持不搞“狂风暴雨”，而是“细水长流”；坚持不搞“突击运动”，而是“循序渐进”；坚持不搞“立竿见影”，而是“润物无声”。

因此，针对不同年龄段的学生，实施有针对性的学习，使这种汲取更符合其认知特点。

针对不同课程，实施有学科特点的传承教学，使这种教学更切合其科学特征。

针对不同时节，实施有情境的传承活动，使这种活动更贴合其自然特性。

循序渐进，表现为内容的层层递进，表现为方法的层层演绎，表现为艺术的层层展开。

坚持循序渐进，其实是有底气的表现，也是下力气的显现，更是有生气的呈现。

二 中华优秀传统文化进小学校园的策略

中华优秀传统文化进小学校园，是历史文化与现实教育的有机融合之举，也是文化传承与文化立校的深度融合之行，更是文化环境与文化育人的高度融合之势。

要使这场远征，具有现实和长远的影响力，必须坚持正确的理念、正确的思路、正确的策略。

（一）全程落实到位

中华优秀传统文化进小学校园，开辟了中华优秀传统文化“校园呈现”的道路，开创了中华优秀传统文化“校园立足”的格局，开展了中华优秀传统文化“校园教育”的建设。

与一般零敲碎打不同，整体性地谋划勾勒，全程落实显得十分重要。学校经过较长时间的探索，形成了这样一些有意义的实施策略。

1. 整体构思系统架构

中华优秀传统文化，形成的时间比较长、空间跨度大、内容体量多，是一个系统文化。

面对这种悠久、内涵丰厚的文化，如采用“片断式”不足以有文化地传承，如采用“切肠式”也不利于对文化的汲取。为此，学校从长计议，从大局出发，进行了基于历史、立于现实、长于未来的整体构思及系统架构。

整体构思，就是将一般文化上升为主体文化，从一般活动上升为重点活动，从特色项目上升为课程行为。

整体构思，包括了学校办学的整体推进、课程建设的整体推进、师资配备的整体推进、育人策略的整体推进。

整体构思，就是将中华优秀传统文化进入学校，作为整体办学的重要组成部分，贯穿办学的全过程，融入育人的全方位，贯穿教学的全学科。

同时，系统架构是对整体构思的结构化。完美的呈现，以整体构思为前提，以系统架构为支撑。

中华优秀传统文化进校园，我们在不断完善整体构思的基础上，对系统架构进行优化。如文化系统架构、课程系统架构、活动系统架构、师资系统架构、资源系统架构，还有校内外配合架构等。

系统架构，就是集合文化元素，集聚教育要素，实现元素与要素之间的融合，使教育充满文化的韵味，让文化支撑教育的大厦。

系统架构，就是将“五育”融合起来，将课程与活动连接起来，将学生成长与教师发展联动起来。

系统架构，就是将校内优势与校外资源形成合源，让师教与家教形成合力，使学生校内“大补”与校外“滋补”形成合龙。

2. 研究引路课题破解

中华优秀传统文化，贯穿上下几千年各朝代，有历史，有典故，有方圆，有逸事，理之博，道之广，浩瀚无边。这种广阔性、深邃性，不是一时一事就能领略的。

中华优秀传统文化进校园，比较有规模的历史还不长，形成的样态也不稳定，因此，必须研究引路，课题破解。

研究引路，中华优秀传统文化本身是经典，我们采用科学的研究态度，将此置于精心研究的地位和视域，进行长期的攻关，积小胜为大胜，从研究中进入核心地带，尽力掌握精粹。

研究引路，不断增进教师对中华优秀传统文化的了解掌握，不断增加教师对中华优秀传统文化的教育能力。

课题破解，就是将中华优秀传统文化作为历史长卷，逐卷展开，进行先由局部的认知再到较为全面的认清，追求通透的认全。

课题破解，我们几年来设立了一批相关课题，通过分解，不断得到新的启示，使之越来越接近规律，实现规律育人。

3. 课程发力潜心教学

学校教育的特点决定了课程的地位和教学的方向。课程是落实教育的“第一阵地”，教学是完成教学的“第一兵团”。

课程发力，就是对中华优秀传统文化进校园实施“课程化”，从课程的角度将中华优秀传统文化结构化、稳定化、持续化。

课程发力，就是充分发挥课程育人的强大阵地作用和资源的强劲拉动作用，用课程建立中华优秀传统文化进校园的机制，落实其课程地位，使之成为学校课程的有机组成部分。

潜心教学，就是发挥教师的主观能动性，将中华优秀传统文化从墙上、壁上、走廊上的宣传品变为讲台上的传授品，既汲取中华优秀传统文化的营养，又将这种营养经过自身的咀嚼变为学生的滋补品。

潜心教学，就是充分展示中华优秀传统文化进校园的优势，把每一次教育当作科学与艺术，实现科学育人与幸福育人的完美统一。

（二）进程推动到面

学校落实立德树人根本任务，坚定学生文化自信，增强其对中华优秀传统文化的认同。在进程推动中需要注重以下几点。

1. 突出重点有序推进

中华民族历史源远流长，优秀传统文化是中华民族语言习惯、文化传统、思想观念、情感认同的集中体现，凝聚着中华民族普遍认同和广泛接受的道德规范、思想品格和价值取向，具有极为丰富的内涵，其内容十分丰富且成体系。

在实施过程中，我们不能面面俱到，应突出重点，有序推进。在内容选择上应关注以天下兴亡、匹夫有责为重点的家国情怀教育，以仁爱共济、立己达人为重点的社会关爱教育，以正心笃志、崇德弘毅为重点的人格修养教育。

在推进过程中要统筹设计，即根据学生的年龄特点，有序推进。如小学低年级以启蒙教育，培养学生对中华优秀传统文化的亲切感、喜爱感为重点，高年级则开展认知教育，以培养学生对中华优秀传统文化的感受力为重点。

2. 抓牢阵地注重体验

小学生生性活泼好动，爱尝试、爱探究，喜爱各类体验活动。在小学阶段开展中华优秀传统文化教育要通过各类生活化、有趣味性的活动，吸引学生，让学生在体验活动中感受中华优秀传统文化的魅力，感受庄重的仪式感。

学科教学是开展中华优秀传统文化的主阵地，基础型课程中也蕴含了大量中华优秀传统文化教育的素材和因子。在语文、道德与法治等显性学科中要注重挖掘，善于运用；在英语等非显性学科中可以开展中西方文化的对比，从而增强学生的文化自信和国家认同。同时，还可与学校生活尤其是校园中的各种“节”如读书节、体育节等相结合，增强校园影响力。此外，向家庭生活延伸，让中华优秀传统文化教育渗透到学生生活的每一个环节，在潜移默化中培养学生的内在认同感。

3. 与时俱进传承创新

中华优秀传统文化为中华民族生生不息的发展壮大提供了丰富滋养和精神支撑，孕育了中华民族的宝贵精神品格，是中华民族的崇高精神追求。但它是基于自然农耕经济和宗法血缘关系而产生和发展的，也会带有时代的烙印和历史的局限性。

在培育学生发展核心素养的背景下，我们应与时俱进，将中华优秀传统文化教育与学校的行规教育、爱国主义教育、学生发展核心素养中的培育要点有机结合，形成实施策略，做到在继承传统中创新发展，使学生在日常学习生活中自觉传承中华传统美德，增强文化自信、文化认同，形成民族自豪感，养成坚毅品格、高尚人格。

（三）过程演绎到点

中华优秀传统文化的传承，是一个过程，需要得到充分的发扬。在这个过程中，必须考虑合理性。

1. 综合适切丰富营养

作为中华优秀传统文化的经典部分，我们在萃取儒家文化精华开展传统美德教育中，强调综合汲取。

先秦儒家人文思想丰富多彩，博大精深，其“天行健，君子以自强不息”的进取精神，“天下为公”的献身精神，“以义制利”的义利观，“仁者爱人”的博爱情怀，“富贵不能淫、威武不能屈”的气节观念等，都是我们宝贵的精神财富，而中华传统美德所涵盖的内容也相当丰富。对这些内容进行有机整合对学校开展德育工作、提高学生的身心修养、塑造学生的道德情操都具有重要的现实指导意义。

我们萃取儒家文化精华开展小学低年级传统美德教育的研究实践，在实施的过程中正是体现了这种综合性特点，即在国学教育课程中的教材资源，可以综合学科教学的内容、班级的特色内容、地区的文化特征等，在丰富多彩的活动中进行运用。同时，班级形成的传统文化教育主题内容也可以统整进国学教材资源。这样打破了德育资源间的壁垒，软化资源界限，促进德育资源间的有效互动与互补。

儒家思想与中华传统美德间虽有许多相融相通之处，但是具体的纲目也存在差异，需要重新筛选和调整，在教育内容的设计和实施上要把握尺度，两者间的有机整合不仅要考虑学生的共性情况，更要考虑特定学生对象的具体特殊情况。在确定恰当的目标时，不仅考虑他们已知的知识，还需要考虑他们现有的道德知识、技能和素质背景；除了考虑学生群体的情况外，还要考虑学校德育大环境情况。

儒家思想与中华传统美德整合时，还应具备科学的态度，特别是涉及客观知识的素材性资源的选择，要注意它的真实性、可靠性和教育的适切性。

2. 本土开放重在参与

在萃取儒家文化精华，开展小学低年级传统美德教育的实践研究中，我们认真梳理儒家思想精粹及中华传统美德内容，结合小学低年级学生年龄特点，并根据本班实际状况，生成适合本班学生开展传统美德教育的纲目，在治学、为人处世等方面都有整合利用，充分地体现了本土化特征。

同时，我们一方面充分明晰儒家思想精粹和传统美德教育的内容，另一方面又充分开发和利用多种教育资源，特别注意利用儿童自身的兴趣经验，在活动中发现、体验等随机资源。教师更要以开放的心态对待教育资源。空间上的开放就是不论课内还是课外、校内还是校外。宗旨就是要尽可能地开发、利用和统整有益于教育可能的资源。

萃取儒家文化精华，开展小学低年级传统美德教育时，不应完全由教师包办，而应让学生、家长一起参与。这会增强学生主动学习、乐于探究的积极性，实现自我教育，也能很好形成家校合力，增强德育的实效性和针对性。

三　中华优秀传统文化进小学校园的载体

中华优秀传统文化，是一个巨大的河流，纵横交错。如何妥帖地进入小学校园，喷泉式的涌泉与细流化的管道无缝对接，流淌欢畅，确实是一大课题。

找到出口处，中华优秀传统文化在校园就有了奔腾不息的生命，就有了细水长流的循环，因此载体是重要的。

中华优秀传统文化进小学校园，载体有了就成功了一半。载体，解决现实问题，解决长远问题，解决落地生根问题，解决就地扎根问题。

文化是涌泉，载体是管道。

（一）在课程“主阵地”彰显

将中华优秀传统文化教育融入课程和教材体系，就是为了在课堂教学中实现学科育人的主阵地作用。

1. 立足“三类课程”

学校定期组织教师梳理各学科教材中有关优秀传统文化教育的内容目录，挖掘育人元素，尤其像语文、音乐、品德与社会等显性德育学科，形成学校优秀传统文化学科育人的校本建议汇总，并通过跨学科教材解读、跨学科教研、教学节主题活动等将学科育人要求落实于日常教学中，并在学校的“敏乐”课堂教学评价标准中予以体现。

基础型课程——现行基础型课程各科教学内容中包含了大量教育的素材，如语文、数学、常识、品德与社会等学科包含有民族精神、中国科学发展、修德养身、尊老爱幼、精忠报国等内容。其间要充分发挥品德与社会课程的主导作用，也要充分利用语文等课程的人文精神教育优势，联合常识、数学等相关学科内容。经过实践和论证，学校形成了部分年级“中华优秀传统文化教育学科渗透表”，力图将每个学期教材中所涉及的教育的相关内容罗列出来，在平时教学中结合教育的要求组织教学并适当予以拓展，要求教师及时总结教学情况，撰写案例与教学反思。如一年级语文《闹花灯》《你姓什么》《筷子的传说》《花木兰》等，主要培养学生热爱祖国的品质；《水妈妈的孩子》《坐井观天》《骆驼和羊》《象形字真奇妙》《识字的小秘密》等，主要培养学生好学善思的品质。基础型课程，将重点落在学生良好的学习习惯和个人品质养成上。

拓展型课程——学校根据中华优秀传统文化教育特色，对课程进行了整体设计和合理安排，发挥拓展型课程灵活、自主的特点，通过音乐、劳技、常识、美术等课程的延伸、综合、拓展、整体设计，开设“十字绣”“环保小达人”“黄梅戏”“少儿京剧”“国画”“中华大家庭”和“航天闵行”等课程，学习中华传统文化精粹，培养学生强烈的民族自豪感和自信心，增强爱国热情及主人翁意识，养成专心细致等良好习惯。拓展型课程，重点落在拓展学生思维上。

探究型课程——依托学校重点发展项目“小学课程校本化建设的实践研究”，通过三类课程、若干领域内众多小课程（或科目）之间的横向和纵向关系的连接和渗透形成“课程合力”。目前，学校已形成各年级的《“三类课程”统整教学设计——小学探究学科学习方案》。其间多次开展跨学科的教研活动，成效显著。在拓展型学科课程中，重点落实在培养学生学会合作、探究上。

2. 打造“特色课程”

学校自2009年起开发了中华优秀传统文化教育校本教材，并发展形成了《中华传统节日》《中国书法》《中华优秀建筑》系列校本教材。同时开设了校本课程，并由班主任一起编写了相应配套的教学设计方案，而且定期举行教学与研讨，使校本教材、校本德育课程更好地发挥学科育人的价值功能。

选用北京师范大学编著的小学国学经典教材——“国学”作为教学材料，然后根据学校学生的实际情况和课程要求，选择相应的教材内容，并组织班主任进行集体备课，制作课件。如选取教材中《弟子规》《三字经》《论语》等贴近学生日常生活的内容，使学生易于接受，乐于接受，并能有所思考和感悟。所选内容的可读性也相对较强，着重故事，强化情节。开设的“国学”课程，进入课表，根据学生年龄特征，分层次循序渐进开展，并将教材内容整合进班集体建设中，发挥学科育人的价值功能。学校多次承办了上海市国学经典课程的培训和观摩活动，并承办了区首次小学经典阅读教学研讨活动，学校开设一年级国学经典阅读反馈课《入则孝 出则悌》和二年级国学经典阅读指导课《一东》。两位老师结合学生的年段特点，分别呈现了经典阅读反馈课、指导课的课型，在区域和市级领域内发挥辐射作用。

（二）在教学“主渠道”发力

中华优秀传统文化进小学校园的关键在于课程化的具体教学。为此，学校进行了卓有成效的探索。

1. 抓住要领有机切入

采用的主要方法是以下内容：

要领一：源于教材——语文、品德与社会学科教学中儒家思想的体现，传统美德教育的内容、范围、角度、深浅都源于教材，都应以教材为依据，进行教育的时机、方式也要看教材提供的条件，要因材施教。教师只有正确地学习研究、把握驾驭教材，根据课文具体内容确定相应的目标，实行“目标控制”，同时考虑学生年龄、心理特征和认识水平，才能做到有的放矢。

要领二：重于感染——情感是认识转化行为的“催化剂”。学生是作为一个有着丰富情感和各种需要的完整的生命体参与的，在学习过程中会获得一定的情感体验。教师应该给学生一个“情感的课堂”，展现给学生一个“充满激情的自我”。教师的情感会悄无声息地传递给学生。因此，教师应该调整好自己的心态，倾注情感的心智，把握好教学过程中的每一个情感因素，把对于课文内容、对于生活、对于人生的每一份感悟、每一种情感，用自己的语言、眼神、动作……传递给学生，展现给学生一个“充满激情的自我”，陪伴孩子们度过每一段“激情燃烧的岁月”。随着对教材内容切实、深刻的理解、感悟而使学生提高认识，才能在求知、练能、开智中育德。

要领三：精于渗透——这是确定了教育内容、掌握了感染特点而求获得最佳效果的一种手段。“渗透”，是一种逐渐的、自然的不露声色的过程。“精于渗透”就是说必须用功夫、巧安排，选择好语文、品德与社会教学儒家思想、传统美德教育的最佳结合点，即选择好儒家思想、传统美德与智育的最佳结合点，作者写作意识与学生思维的结合点，作者、学生情感的结合点，语言因素与作者情感的结合点。这是备课、教学的焦点，也可以说源于教材、重于感染、精于渗透三者的内在联系是在“渗透”这一节点上显露出来的。

2. 立足学科巧妙渗透

就拿语文学科来说，它具有工具性和思想性。从学科教学的角度来看，在语文教学中渗透“儒家思想”所产生的效果要远远好于其他学科，这是由语文学科的特点所决定的。小学语文教材所编选的文章都是文质兼美、脍炙人口、具有教育意义的好作品，这为语文教学中进行“儒家思想”渗透、传统美德教育提供了得天独厚的条件。

感知语言文字，因文悟道——语言文字是表达思想的工具，语言是思想的载体、思维的外壳，没有哪种思想可以脱离语言而存在、离开语言而得到表达，也没有什么文章能摆脱思想的渗透，豪放也好，婉约也罢，激昂也好，低回也罢，无一不是某种思想感情的宣泄。文以载道，这是语文学科得天独厚的有利条件。关于传统美德教育的教材中无不渗透着悠久灿烂的儒家思想，一字一句切不可疏忽，特别是那些关键的、重点的词、句、段，更要潜心钻研、准确理解，从字里行间感受儒家文化的精深，感受传统美德的力量。

《程门立雪》一文是对学生体现尊师重道——“古之学者必有师。师者，所以传道、授业、解惑也。”是尊师重教传统美德教育的典型教材。教学中先引导学生读懂课题，了解“程门”指的是程颐老师的门，“立雪”是杨时与同学在门外雪中久久等候。教学时，抓住句子“他们就一声不响地站在门口，一边默默地背书，一边静静地等着”进行品读，引导孩子体会“一声不响”“默默”“静静”几个词写出杨时他们为不打扰老师休息，不发出一点儿声音，等老师醒来，而且等的同时还能抓紧时间背书，足见他们爱老师、爱学习。读的时候抓住这几个词就把当时的感人情景表现出来了。

领悟思想感情，由道赏文——“文章不是无情物”，课文的字里行间充满了作者的思想感情，教师应指导学生在理解课文内涵的基础上品味、欣赏字词句段篇，体味儒家思想的深邃和它的前瞻性。再用学到的道德伦理回眸文本，感受作者的语言驾驭能力，促使学生德育、智育、美育和谐发展。

二年级的《我给奶奶送阳光》一课是一篇记叙文，讲述了鹿儿为残疾的奶奶收集阳光，虽未成功，却使奶奶分外高兴的事，展现了一个活泼可爱、心中充满阳光的小女孩形象，体现了儒家思想的“孝”和“仁爱”——“爱人者，人恒爱之；敬人者，人恒敬之。”教学时，由多媒体出示4～6节，让孩子找出动词，试着演演4～6节，学生通过演绎，感受到鹿儿的孝心及对奶奶的关爱。再回到文本中，细细品味其动词用得十分恰当：“索性伸出双脚”“坐”“油然升起”“紧紧包住”，都表现了鹿儿急切地要把可爱、温暖的阳光献给奶奶的心情。追问：鹿儿为什么要“抱得紧紧的”？让学生再一次走进人物内心，体验当时鹿儿的想法，一定要抱住阳光不让阳光溜走，让急切需要阳光的奶奶，看到如此可爱、温暖的阳光。

主动积极投入，文道兼收——记得霍姆林斯基曾说过：“如果教师不了解他的学生情况，不了解听他讲课的是些什么样的人，那么他是无法上好这节课的。”这就需要教师在上课前认真研究教育的对象，摸准学生认识的起点，了解思想行为现状，充分发挥学生的自觉能动性，让他们积极参与到教学过程中，主动学习，才能自觉感受其文其道。

《九色鹿》这篇课文是开展儒家思想“信”教育的很适切的教材。主要讲了九色鹿救了一位落水的人，但那人却忘恩负义，反而叫国王的军队来追捕他，幸亏白鸟等及时救援，才使九色鹿脱离危险。背信弃义的落水人最终得到了应有的下场。为了让孩子沉浸到课文中，感受儒家“言必信，行必果”的思想，课的尾声设计了这样的拓展说话练习：“此时，你想对落水人说些什么？”有的说：“落水人，你不应该说话不算数，答应九色鹿不出卖它的就应该说到做到。”有的说：“你背信弃义，最后得到了应有的下场。”还有的说：“希望你别忘了我们中华民族的传统美德——诚信！”借着孩子的话，老师因势利导：“是呀，孔子曾说过‘言必信，行必果’，做人一定要诚信啊！”

抓住文中空白之处及时补白，既让孩子放飞了思想，又把课文中蕴含的“诚信”的做人道理通过孩子自己的感悟体验表达出来，起到了文道兼收的教学成效。

3. 内容驾驭适时点拨

品德与社会学科是德育的显性学科，这门学科承担着培养有爱心、负责任、守规范、善思考的未来合格的社会公民的重任。因此，儒家的道德规范，“仁、孝、信、智”思想在教材中处处体现，传统美德教育的契机无处不在。这就要看教师如何去把握，如何去活用。

剖析教材，深入挖掘，理解“仁、孝、信、智”思想——品社教材中饱含着丰富的儒家思想的因素，《认识你，认识我》培养学生与同学间友爱互助，这体现了儒家思想“仁”——“爱人者，人恒爱之；敬人者，人恒敬之。”《爸爸妈妈的操心事》是让孩子体会爸爸妈妈为了这个家操碎了心，我们应该孝敬他们，为他们分担一些力所能及的事情，这体现了儒家思想“孝”——“身体发肤，受之父母，不敢毁伤，孝之始也。”《交流有讲究》教会孩子要做一个诚实守信的人，不能做说话的巨人，行动的矮子，这体现了儒家思想“信”——“与朋友交，言而有信。”《和好书交朋友》则激励孩子与书报交朋友，学会学习，掌握学习的好方法，做一个聪明的小学生，这又体现了儒家思想“智”——“人不可以不学，犹鱼不可以无水。”教师应充分利用这些丰富的传统美德教育资源，使学生在学习中受到熏陶。

联系实际，顺水推舟，渗透“仁、孝、信、智”思想——品德与社会的教学内容与学生的生活实际紧密相连，教师就应架起书本世界通向生活世界的桥梁，顺水推舟地把教材中所写的生活与学生的生活，通过创设情境沟通起来，运用学生已有的感知经验去体验，以此增进自己对道德知识的认知。“仁、孝、信、智”教育在品社学科中要运用潜移默化、熏陶感染、点滴渗透的方法去进行。

在学习《爸爸妈妈的操心事》时，老师以自己孩子的成长历程编辑了一段视频，在课堂中予以播放，并让学生参与讨论。在成长过程中，爸爸妈妈为我们付出了多少心血，老师呈现的事例，一下子将师生间的距离拉近。接着老师顺势问道，你们的父母又是如何养育你们的呢？与孩子们围坐在一起，以平等的身份参与孩子们的讨论、交流，整个课堂洋溢着一股浓浓的亲情。最后老师用“身体发肤，受之父母，不敢毁伤，孝之始也”的儒家名言进行了小结，希望孩子们传承并将敦亲孝顺的传统美德发扬光大。

课后拓展，潜移默化，践行“仁、孝、信、智”思想——现行的小学品德与社会教材中大量的生活和社会信息内容，让我们的学生有了全方位接受传统美德教育的条件。但是，由于我们的德育对象是一个个富有独特个性的鲜活生命体，一本教材不可能覆盖到一个班级的所有学生，不可能对每个受教育者都有很好的针对性。因此，在品德与社会课后，我们突破教材的页面范围，把触角适度地伸展到一个个个体的私人区域中去，窥见受教育者的道德薄弱点，做有针对性的工作。通过这一内容的拓展，潜移默化地践行课堂教育成果，确保教学效能的提高。

执教完《爸爸妈妈的操心事》一课后，让孩子们尽尽孝心为父母做一件事。教学《我为集体出份力》一课时，让学生自行讨论，并着手教室环境的布置……在尽孝心、争做班级主人的体验活动中，孩子们感触颇深。其中有一位学生写下了这样的体验日记：“今天妈妈下班，我主动给妈妈泡了一壶茶，并给她捶背……妈妈看见了，激动地捧着我的脸蛋亲了又亲，并不住地说：‘我的小欣真是长大了，懂得体贴大人了。’我还看见妈妈的眼眶中饱含着眼泪，我很纳闷儿，为什么妈妈平时为我付出那么多，我从未有那么感动，而我只为她做了那么小的一些事，她却如此激动呢？唉，看来平时我要多给予妈妈一份关心啊！”学生们写了那天孝敬父母的感受，这种对爱父母的认识，不再是停留在表面上，而是从心中滋生蔓延，从而拉近了亲子之间的距离，提升了心灵的体验。相信儒家思想中的“孝”——“身体发肤，受之父母，不敢毁伤，孝之始也”在孩子心中打下了深深的印记。

教育，是传承优秀文化的主渠道，学校课堂则是传承优秀文化的主阵地。小学语文、品德与社会教学中有机整合，巧妙渗透，传承文明，寓孔子的“仁、孝、信、智”思想于教学中，培养德才兼备的学生。

（三）在节日“主色调”着墨

节日，是大众的节目，也是文化的节庆。

在中华民族历史上，通过历代百姓的创造和传承，形成了一系列富有文化底蕴、风土人情、典故风范的重要节日。

这些节日，既是劳动人民学会与自然共同生存的印证，也是民族文化积淀的产物，更是中华优秀传统文化的结晶。

这些节日资源，是中华优秀传统文化传承的载体，也是进行传统文化教育的教材，更是丰富校园中华优秀传统文化的素材。

1. 节日成为文化传播的园地

学校充分依托中华传统文化教育的校本教材和教案，开展传统文化教育，如中秋节、重阳节、元旦等。在教育过程中让孩子懂得尊重传统节日，尊老爱幼，传承“仁爱”“孝顺”“敦亲”的美德。如重阳节提倡的是孝敬老人，而现实社会家庭中“爱幼”现象普遍，尤其是独生子女的家庭，几个老人围着一个孙辈更是宠爱有加；相反，尊敬老人的行为却在不知不觉中被人们所忽视。因此，可以让这些在长辈精心呵护下，在蜜罐里长大的孩子利用重阳节，为老人们做些什么，例如平时不和爷爷奶奶住在一起的可以和爸妈一起探望一下长辈，住在一起的在节日里也能和老人聊聊天、说说话，帮助老人家解闷。有孝心的还可以为爷爷奶奶捶捶背等。这些举动虽不惊天动地，但对于年幼的孩子定会留下关爱老人、孝敬老人的深刻印象，使社会真正形成尊老爱幼的好风尚。

每年第二学期正逢传统佳节——元宵节、清明节、端午节。学校围绕这些传统佳节开展了丰富多彩的节庆活动。“欢天喜地闹元宵”活动中，班级同学挂灯笼、说灯笼，还邀请家长一同猜灯谜。端午节大家在品尝粽子、观看赛龙舟比赛的同时，缅怀一代爱国诗人屈原，“悠悠端午情，幸福闵小梦”的端午节体验活动更是给孩子们留下了深刻的印象。孩子们着实体验了一回包粽子的全过程，真真切切感受到了中华传统节日及文化的独特魅力。孩子们在动手过程中加深了感性认识，收获了快乐。

有位学生写道：“众所周知，中秋节、春节、元宵节、清明节都是我们中国的传统节日。但除了春节我们每家每户都非常重视外，其他的传统节日对于我们这些小学生来讲并不是十分了解。而我们学校十分重视这些传统文化资源，每当传统节日来到之际，整个学校按照不同传统节日的风俗，精心装点校园，热热闹闹地开展着丰富多彩的活动。班会课上我们了解节日来历、风俗、文化；体验动手环节更拉近了我们和传统节日之间的距离；畅游校园环节真正让我们浸润在浓浓的传统节日氛围中。这些系列性的活动让我和伙伴们亲身体验到中华民族文化的魅力，深深爱上了我们中华民族的传统文化，为自己是一个中国人而骄傲。”

2. 节日成为品格养成的时空

在节日教育中，开展教育的目的是促使学生达到“懂规范、乐学习、善交往”的发展目标，在日常的学习生活实践中不断固化和提升，做到自觉化和自动化。在校内校外实践体验活动参与中懂得如何做人、如何做事、如何学习，逐渐形成小公民的意识，养成小公民的责任，最终获得学生个人道德素养的提升，养成独立而优秀的公民人格。

在节日教育中，难点在于根据各年段学生成长需求进行节日教育的系列化活动研究，这需要学校自上而下、自下而上地反复推敲，在阶段推进过程中需要不断反复实践与反思，完善学校行为规范教育的顶层设计，从而达到符合本校校情、生情的一套比较完整、科学的行为规范教育体系。

围绕五大节日（元宵节、清明节、端午节、中秋节、重阳节），根据小学阶段学生的身心发展特点，学校设定了教育目标要求，如下表所示。

节 日	节日文化育人价值	践行行为规范要求		
		为 人	学 习	处 世
中秋节	热爱祖国 诚信友善	知道国旗国徽的含义，升降国旗时立正，行注目礼，会唱国歌。知道国家主要领导人。	了解我国的著名风景胜地，了解56个民族的风俗，了解中秋节的名称、起源及节日风俗习惯。	参观校外实践活动基地，探寻闵行航天的发展，分享收获。
重阳节	文明礼貌 尊敬师长	学会使用礼貌用语，见到师长能主动打招呼和问好。知道长辈的年龄、生日、属相及兴趣爱好。	了解重阳节的来历和风俗，能够说出中国古代敬老爱老的美德故事。	能主动分担一些力所能及的家务活。在长辈生日或者节日中送上自己亲手准备的礼物。主动参与校外助老活动。
清明节	追怀先辈 自信自强	在老师督促下吃好午餐。不挑食、不浪费。懂得劳动是光荣的。	了解清明节的饮食习惯，通过斗鸡、蹴鞠等传统游戏，插柳植绿、放风筝等体验清明节的风俗。	开展文化探寻踏青活动，悼念逝者、祭奠革命先烈，向身边的江川贤人学习。

（续表）

节　日	节日文化育人价值	践行行为规范要求		
		为　人	学　习	处　世
端午节	合作担当 敬业尽责	热爱集体，认真做好班级值日工作。	了解端午节的节日文化，了解有关屈原的故事和精神。	学会尊重每一位劳动者，主动到社区、公共场所开展公益活动。
元宵节	珍惜时间 团结协作	每天放学认真复习当天所学知识。上课开动脑筋，积极思考老师的提问。	了解元宵节的诗歌故事，通过体验活动，进一步了解元宵节的传统风俗。	以小队形式开展传统游戏、共画长卷、共制花灯等活动，学会与人沟通与合作，努力实现小队和班级的目标。

通过“学习演绎—体验感悟—实践探寻”等路径，以学生喜闻乐见的方式，引导学生在讲故事、吟诗词的过程中了解传统节日的知识，在动手做、亲口尝的过程中加深对传统节日特有风俗的了解，在游玩与探究过程中激发热爱生活、热爱学习、热爱家乡的情怀。同时，每个节日都有其教育的侧重点，如元宵节——知合作，会分享；清明节——乐参与，守规则；端午节——知责任，勇承担；重阳节——尊师长，懂感恩，真正把节日教育作为学校落实立德树人根本任务的重要基础，有效推进学校行为规范教育的根本，落实进教材、进课堂、进课外、进评价体系要求，整合老闵行区域资源，基于多元的评价手段，建立学校、家庭、社区三位一体的行为规范教育模式。

3. 节日成为特色活动的宠儿

在中华优秀传统文化的传承中，学校的“节日方案”是一大亮点。

在这里摘录几则：

（1）清明传统印童心　文化探寻游闵行
——闵行小学清明节活动方案

清明节是我国重要的传统节日，也是中国的二十四节气之一。此时正是春耕春种的大好时节，故有“清明前后，种瓜点豆”“植树造林，莫过清明”的农谚，可见这个节气与我们的生活息息相关。清明节，还叫踏青节，因为清明节前后正是春光明媚、草木吐绿的时节，是人们春游的好时候。清明节也是一个祭祀祖先的节日，扫墓是清明节的传统活动。今年（2015年）恰逢中国抗日战争胜利70周年，为引导学校学生进一步了解清明节这个中华民族传统节日，弘扬民族传统文化，探寻老闵行区域文化特色，传承革命先烈的爱国情怀，学校开展了“清明传统印童心，文化探寻游闵行”清明节主题教育活动。

一、活动目的

1. 通过中华传统节日故事讲演、古诗词吟诵、英烈故事诵读、二十四节气农谚学习等分年段主题活动，让学生进一步了解中华传统节日——清明节的文化，继承中华传统美德。

2. 通过亲手包青团、吃青团活动让学生感受寒食节的饮食习惯，通过斗鸡、蹴鞠等传统游戏以及插柳植绿、放风筝等传统风俗，体验清明节的风俗习惯。

3. 利用闵行小学五大校外社会实践基地的资源，通过开展文化探寻踏青活动，加深对老闵行的了解和认识。通过悼念逝者、祭奠革命先烈，引导学生缅怀过去、感恩生活，激发学生热爱生活、热爱学习、热爱家乡的情怀。

二、活动时间

3月中旬至4月中旬。

三、活动内容及形式

（一）清明知识知多少，经典阅读润心灵

1. 各班围绕“清明节”，利用午会课时间，让学生通过各种途径收集有关清明节的来历和风俗，有关清明节的诗词和故事，以及抗日英雄的故事。

2. 各班对“中华传统文化”黑板报专栏进行布置，将学生收集的资料进行展示。

3. 开展“清明知识知多少，经典阅读润心灵”主题班会，主题班会根据不同年级设定不同的主题。

“清明知识知多少，经典阅读润心灵”主题班会

<table>
<tr><th>年段</th><th>内容</th><th>要求</th><th>评价方式</th></tr>
<tr><td>一年级</td><td>清明节古诗词吟诵会</td><td>找一找、诵一诵、画一画，感受清明时节的大好风光。</td><td rowspan="5">1.《传统节日体验馆通行证》自评、互评、家长评。
2.评选“传统节日知识王”。
3.评选班级优秀作品并展示。</td></tr>
<tr><td>二年级</td><td>清明节日故事会</td><td>找一找、读一读、讲一讲，了解清明节的来历。</td></tr>
<tr><td>三年级</td><td>二十四节气农谚、童谣传唱会</td><td>找一找、说一说、唱一唱，知道清明节与人们生活息息相关。</td></tr>
<tr><td>四年级</td><td>英烈故事诵读会</td><td>找一找、读一读、写一写，体会烈士的革命精神。</td></tr>
<tr><td>五年级</td><td>各地风俗交流会</td><td>找一找、议一议、比一比，了解中华传统文化的博大精深。</td></tr>
</table>

（二）传统风俗我感受，文化体验长见识

1. 清明节的风俗是丰富有趣的，为此也以分年级形式开展丰富的体验活动。

“传统风俗我感受，文化体验长见识”实践活动

年段	内容	要求	评价方式
一年级	斗鸡游戏	2人一组，班级初选，年级决赛	1.“传统节日体验馆通行证”自评、互评、家长评。 2. 评选“传统节日实践王”。 3. 评选班级优秀作品并展示。
二年级	蹴鞠比赛	6男6女一组，班级初赛，年级决赛	
三年级	绿植盆栽小制作	每人1份	
四年级	插柳	种植小树苗	
五年级	DIY做纸鸢	每人1份	

2. 各班学生通过书签制作呈现清明节主题活动内容。

（三）结伴踏青游闵行，文化探寻忆追思

1. 各班开展“网上祭英烈”活动，进行网上祭拜、献花、留言。

2. 利用清明小长假，各年级分地点开展雏鹰假日小队活动。

“结伴踏青游闵行，文化探寻忆追思”小队行动

年段	内容	要求	评价方式
一年级	红园话红旗	探寻红园的名字由来； 学习认识党旗、国旗、军旗、团旗和队旗； 《我的江川印象》绘画日记。	1.“传统节日体验馆通行证”自评、互评、家长评。 2. 评选“传统节日合作王”。 3. 评选班级优秀作品并展示。
二年级	香樟一条街见证我入队	探寻香樟一条街的名字由来； 学习队知识，入队集结号行动； 《我的江川印象》绘画日记。	
三年级	古藤园与小树交朋友	探寻古藤园的名字由来； 开展护绿清扫行动； 《我的江川印象》小报。	

（续表）

年段	内容	要求	评价方式
四年级	韩湘水博园话追思	探寻韩湘水博园名字的由来； 放飞“孔明灯”缅怀先烈、怀念已故亲人； 《我的江川印象》小报。	
五年级	荣誉军人疗养院做访谈	探寻荣誉军人疗养院名字的由来； 选择一位军人听他讲述革命故事； 《我的江川印象》采访报道。	

四、活动要求

1. 各班主任要进一步对各主题活动做出部署，结合年级主题筹备班级特色活动，并认真组织学生积极参加，做好各方面的充分准备。

2. 落实安全措施，对学生进行活动中的安全文明教育，确保清明节主题系列活动文明、安全开展。

3. 各班主任以照片、文字等方式做好活动过程性记录与评价工作。

4. 发挥小队活动的优势，开展丰富多彩的小队活动，增强学生的积极性、主动性。

五、活动掠影

清明时节，春光明媚，草木吐绿。阳光下的校园里，风筝在天空中飞扬；绿茵茵的草坪上，有同学在玩着斗鸡游戏；宽阔的操场上，男生进行着足球比赛；小伙伴们一起插柳植绿，种植小盆栽，放在教室里既美化环境，又愉悦身心……这些活动可都是清明节的传统风俗。

当然，清明节怎么可以少得了青团呢？我们通过亲手包青团、吃青团，知道了寒食节。不仅如此，还学到了清明的很多农谚呢！如“春分早，谷雨迟，清明种棉正当时。寒食撒花，谷雨种瓜。清明高粱谷雨花（棉），谷子播种到立夏”。

清明节也是一个缅怀祖先、向先烈致敬的节日。我们利用小队活动，开始了老闵行文化探寻踏青之旅。我们来到荣誉军人疗养院做采访，听着那些老革命军人讲述的一个个生动而壮烈的革命故事，我们都入迷了。革命战士真是了不起，他们用生命换来我们现在的美好生活！

——五年级学生

（2）悠悠端午情　幸福闵小梦
——闵行小学端午节活动方案

端午节是中华民族古老的传统文化节日之一，赛龙舟、吃粽子、挂艾草、佩香囊等风俗已成为端午节的标志被传承下来。在民俗文化领域，中国民众把这些风俗与纪念屈原联系在一起。端午已于2009年入选世界“人类非物质文化遗产名录”，成为中国首个入选世界“非遗”的节日。

一、活动目的

为开展中华传统节日教育，继承和发扬民族优秀传统文化，学校于端午节期间开展“悠悠端午情　幸福闵小梦”主题系列活动，旨在让孩子了解端午节的来历，体验端午节的风俗，感受端午节的文化，掀起缅怀屈原爱国主义精神、歌颂和谐盛世的热潮，并激发热爱祖国、热爱家乡的情感。

具体如下：

1. 通过开展古诗词吟诵、传说故事讲演、节日风俗了解、屈原故事解读以及老闵行历史风俗体验等分年段主题活动，了解端午的节日渊源和文化。

2. 通过尝试包粽子、吃粽子，与家人一起制作香囊、画钟馗像、系五色线、设计龙舟等方式体验端午节特有的风俗习惯。

3. 以端午庙会的形式开展义卖活动，感受老闵行区域文化的特色以及中华传统节日文化的魅力，激发对中华传统文化的热爱；通过开展雏鹰假日小队活动树立为他人、为学校、为社会服务的意识，培养学生善于交往、乐于助人的品质。

二、活动时间

5月中旬至6月中旬。

三、活动内容及形式

（一）端午知识知多少，擂台比拼展才华

1. 各班围绕“端午节”，利用午会课时间，让学生通过各种途径收集有关端午节的来历、风俗、诗词以及屈原故事等，并探寻老闵行当地端午节风俗文化。

2. 各班对“中华传统文化”黑板报专栏进行布置，将学生收集的资料进行展示。

3. 开展“端午知识知多少，擂台比拼展才华”主题班会，主题班会根据不同年级设定不同的主题。

“端午知识知多少，擂台比拼展才华”主题班会

年段	内容	要求	评价方式
一年级	端午古诗吟诵擂台	找一找、诵一诵、画一画，感受端午节的节日氛围。	1.“传统节日体验馆通行证”自评、互评、家长评。 2. 评选“传统节日知识王”。 3. 评选班级优秀作品并展示。
二年级	端午来历传说擂台	找一找、读一读、讲一讲，知道端午节的来历。	
三年级	端午节日风俗擂台	找一找、说一说、拍一拍，知道端午节的风俗。	
四年级	屈原人物解读擂台	找一找、读一读、写一写，体会屈原的精神。	
五年级	老闵行风俗文化擂台	找一找、议一议、比一比，了解老闵行端午节文化。	

（二）端午风俗真体验，文化传承露个性

1. 各班可邀请家长志愿者进行指导，使学生了解包粽子所需要的材料和顺序，并亲手学包粽子。鼓励包出个性粽子，并把粽子带回家分享给家人。

2. 学校统一下发香囊半成品，学生带回家和家人一起DIY香囊制作，并带回学校进行香囊展示。

3. 各年级根据不同主题开展端午节民俗文化展示活动。

“端午风俗真体验，文化传承露个性”实践活动

年段	内容	要求	评价方式
一年级	画钟馗像	临摹；个性创作	1.“传统节日体验馆通行证”自评、互评、家长评。 2. 评选“传统节日知识王”。 3. 评选班级优秀作品并展示。
二年级	五色线DIY编织	个性编织	
三年级	包粽子比赛	班级初选；年级决赛	
四年级	龙舟设计	个性设计	
五年级	香囊DIY制作	放入艾草；个性编织	

（三）悠悠端午逛庙会，缤纷梦想聚浓情

1. 庙会是老闵行历史上过端午节的一种特有的风俗。以各班端午风俗体验过程中的作品在校园中开展义卖行动，形成“闵行小学端午庙会”。

2. 端午节小长假期间，开展一次雏鹰假日小队志愿服务活动。

“悠悠端午逛庙会，缤纷梦想聚浓情”小队行动

年段	内容	要求	评价方式
一年级	打扫校园	开展亮眼睛行动，打扫班级包干区，打扫校园非包干区的清洁卫生。	1.“传统节日体验馆通行证”自评、互评、家长评。
二年级	小区清洁	开展亮眼睛行动，寻找小区内的清洁卫生问题。	

（续表）

年段	内容	要求	评价方式
三年级	节日慰问	选择校园内后勤人员、武警消防官兵、敬老院孤老等对象送上节日祝福。	2. 评选“传统节日知识王”。 3. 评选班级优秀作品并展示。
四年级	爱心助学	为云南结对的小伙伴送上节日祝福。	
五年级	老闵行历史文化陈列馆讲解	开展志愿讲解服务或者宣传活动。	

四、活动要求

1. 各班主任要进一步对各主题活动做出部署，结合年级主题筹备班级特色活动，并组织学生积极参加，做好各方面的充分准备。

2. 落实安全措施，对学生进行活动中的安全文明教育，确保端午节主题系列活动文明、安全开展。

3. 各班主任以照片、文字等方式做好活动过程性记录与评价工作。

4. 发挥小队活动的优势，开展丰富多彩的小队活动，增强学生的积极性、主动性。

五、活动掠影

今年的端午节，我们学校开展了“悠悠端午情　幸福闵小梦”活动，校园里到处洋溢着浓浓的端午气氛。

主题班会课上，在老师的带领下，我们了解了屈原的伟大故事，大家都被他的爱国精神深深感动。包粽子活动中，老师邀请了几位擅长的家长来教我们。家长们将包粽子的步骤进行了耐心细致的讲解并加以示范，还走到同学们当中进行手把手的指导。我们个个热情高涨，根据家长和老师们所教的要领进行一次次的尝试，俨然一个个心灵手巧的包粽小能手，教室里成了一片欢乐的海洋。

学校还为我们每一位同学准备了香囊制作的材料。当天，我们回家后和家长一起制作香囊。有的同学将制作完成的香囊直接佩戴在身上；有的则送给家人，分享快乐；有的还用来布置教室或者家中环境……真是给这个节日增添了一抹绚烂的色彩。

我们小队还利用双休日，走进老闵行历史文化陈列馆，为游客开展志愿讲解和宣传服务活动呢。虽然一开始我们很紧张，经常结巴或者讲错，但想到我们在用自己的实际行动为大家服务，我们在发挥自己的小小力量，承担“小公民”的责任时，便感到特别自信和骄傲！

——五年级学生

（3）中秋佳节月相伴　合作分享暖人心
——闵行小学中秋节活动方案

中秋节又称月夕、秋节、仲秋节、八月节、八月会、追月节、玩月节、拜月节、女儿节或团圆节，时在农历八月十五，始于唐朝初年，盛行于宋朝，至明清时成为中国的主要节日之一，流行于中国众多民族与东亚诸国中。中秋节以月之圆兆人之团圆，为寄托思念故乡、亲人之情，祈盼丰收、幸福，成为丰富多彩、弥足珍贵的文化遗产。

一、活动目标

学校通过开展“中秋佳节月相伴　合作分享暖人心”系列主题活动，引导学生领会中秋传统佳节家庭团聚的含义，激发学生爱家、爱校、爱祖国的情感。

1. 从中秋起源来历、古诗词故事、饮食、传统民俗、家乡风俗等入手，分年段开展调查，让学生进一步了解中秋节。

2. 通过亲眼所见、亲手操作、亲身感受中秋的风俗习惯，让学生体验中秋佳节的文化特点。

3. 通过各种活动，让学生体会家庭欢乐、生活幸福，激发学生热爱家乡、热爱祖国的情感，培养乐于合作、善于合作的能力。

二、活动时间

9月上旬至10月上旬。

三、活动内容及形式

（一）明月主题展调查，真实行动话中秋

各班根据年级主题开展调查、探究活动。低年级以亲子访谈为主要方式，中高年级以小队合作的方式，学会制订一份简单的调查计划，学会合理分工，有序开展深入调查，并汇总形成调查结果。此基础上开展各班主题班会。

“明月主题展调查，真实行动话中秋”主题班会

<table>
<tr><th>年段</th><th>内容</th><th>要求</th><th>评价方式</th></tr>
<tr><td>一年级</td><td>中秋起源来历调查</td><td>找一找、诵一诵、画一画，知道中秋节的来历。</td><td rowspan="5">1.“传统节日体验馆通行证”自评、互评、家长评。
2.评选“传统节日知识王”。
3.评选班级优秀作品并展示。</td></tr>
<tr><td>二年级</td><td>中秋古诗词故事调查</td><td>找一找、读一读、讲一讲，感受中秋节团圆温馨的节日气氛。</td></tr>
<tr><td>三年级</td><td>中秋饮食调查</td><td>找一找、说一说、拍一拍，了解中秋节与人们生活的关系。</td></tr>
<tr><td>四年级</td><td>中秋传统风俗调查</td><td>找一找、读一读、写一写，知道中秋节风俗。</td></tr>
<tr><td>五年级</td><td>中秋家乡风俗调查</td><td>找一找、议一议、比一比，了解老闵行中秋文化。</td></tr>
</table>

（二）巧手作坊制祝福，惟妙惟肖画中秋

通过视频、现场参观、家长进课堂等方式了解月饼的制作材料和加工工艺，并品尝月饼、桂花糕等传统食品。以“画说中秋”的方式，形成各年级主题，从不同的角度引导学生感受体验中秋节的风俗特点。

“巧手作坊制祝福，惟妙惟肖画中秋”实践活动

年段	内容	要求	评价方式
一年级	举头望月	画月亮，写下自己的梦想。	1.“传统节日体验馆通行证”自评、互评、家长评。 2. 评选“传统节日知识王”。 3. 评选班级优秀作品并展示。
二年级	拭目赏月	画月饼，写下对亲人的祝福。	
三年级	兔爷祈月	画兔爷，送福送吉祥。	
四年级	桂花祭月	画团圆，绘画中秋宴席团圆团聚的场面。	
五年级	嫦娥奔月	画飞船，了解中国航天科技的发展历程。	

（三）传统文化记心间，团团圆圆享中秋

利用中秋小长假各年级分地点开展雏鹰假日小队活动。

“传统文化记心间，团团圆圆享中秋”小队行动

年段	内容	要求	评价方式
一年级	中秋团圆宴	开展家庭亲子活动，分享快乐。	1.“传统节日体验馆通行证”自评、互评、家长评。 2. 评选“传统节日知识王”。 3. 评选班级优秀作品并展示。
二年级	经典阅读淘书	与家长、同学一同阅读，分享智慧。	
三年级	劳动最光荣	学会一项家务技能，分享进步。	
四年级	大手牵小手	开展小队结对活动，分享成长。	
五年级	参观老闵行历史文化陈列馆	探寻闵行航天的发展史，分享收获。	

四、活动要求

1. 各班主任要进一步对各主题活动做出部署，结合年级主题筹备班级特色活动，并组织学生积极参加，做好各方面的充分准备。

2. 落实安全措施，对学生进行活动中的安全文明教育，确保中秋节主题系列活动文明、安全开展。

3. 各班主任以照片、文字等方式做好活动过程性记录与评价工作。

4. 发挥小队活动的优势，开展丰富多彩的小队活动，增强学生的积极性、主动性。

（四）在活动“主题式”拓展

中华优秀传统文化，是学校活动的巨大宝藏，也是活动育人的重要内容。

学校的主题活动，与中华优秀传统文化对接，展现思想高度；与中华优秀传统文化连接，展现文化宽度；与中华优秀传统文化衔接，展现内容深度。

学校主题活动，因为有了中华优秀传统文化的支撑，富有生机，充满活力，极具特色。

1. 科技节：当环保小达人

学校以中华优秀传统文化中尊重自然的内容，以科技节为载体，开展文化科技活动。如“守护生物多样性，争当环保小达人”主题科技节活动，包括校园植物摄影大赛、我最喜爱的校园植物评比、科幻画比赛、班级变废为宝小创意等，让学生体验低碳生活，普及低碳环保科学知识，增强低碳环保意识，培养观察生活的良好习惯。从“仁爱”角度出发，从关心身边的人到关心大自然的朋友——动物，关爱地球家园，用实际行动，为人类生存的地球家园尽自己的绵薄之力。

再如，“地球熄灯一小时”既象征着希望，也代表着行动。“同一个地球，同一个家园，同一个小时”，小小的改变可能会有深远的影响。

让我们践行“地球一小时”，倡导低碳生活，支持环保行动！这是三（5）班学生写给全校班级的一份“地球熄灯一小时”环保行动倡议书，围绕主题，学生议论纷纷。

小李说：如果妈妈的手机快没电了，让她早上充好电。

小杨说：爸爸电脑用到很晚，让他早点休息，也让地球安静地休息一下。

小蒋说：爷爷退休在家每天看电视到很晚，我让爷爷早些睡觉。

小袁说：爸爸是信息教师，每天要在电脑上备课、批改作业，让爸爸早些把事情完成，保证20:30—21:30期间切断电脑。

…………

古人有一句话：“勿以善小而不为，勿以恶小而为之。”通过这项活动，也让学生明白说到就要做到，哪怕是一件微不足道的事情。

2. 艺术节：秀出我的风采

为进一步丰富学生校园文化生活，营造积极向上、健康文明的校园文化氛围，展现学生的艺术风采和精神风貌，学校举办艺术节，班班有歌声暨童谣传唱比赛、“传诵经典”古诗文吟诵大赛、舞林争霸、“小蜻蜓”器乐比赛、“我是歌手”比赛及“小神笔”绘画比赛，小朋友们纷纷踊跃参加。

在学校营造的浓浓艺术氛围中，每一个学生都感受到艺术的熏陶，接受到美的教育，不断培养健康的审美情趣和良好的艺术修养，朝着“懂规范、乐学习、善交往”的目标进发。

3. 读书节：与好书交朋友

读书节，既是学生养成读书习惯、营造校园读书氛围的动感地带，也是传承中华优秀传统文化的重要契机。在为期一个月的“徜徉书卷　品味经典　弘扬美德”读书节中，学生制订读书计划，分享读书体会，有的还和爸爸妈妈一起创编了童谣，一首首朗朗上口的童谣在教室里的板报上展示。

通过读书节，大家更懂得了“书是我们人类的好朋友，书是人类进步的阶梯”的道理。同时，大家也以自己的实际行动倡导着低碳生活的理念。

丰富多彩的读书活动，既丰富了学生的校园生活，也寓教于乐，让大家在活动中秀出风采，展示积极向上的精神面貌，从而充分感受到仁爱互助、诚实守信、勤奋好学等中华美德之可贵，体验学习成长的乐趣。

4. 运动会：体验互助的快乐

运动会（体育节），是展示运动与精神的天然场所。学校每年举行体育节，且以不同的主题深化，并通过开、闭幕仪式，展示文化与竞技之美。学校国旗方队、校旗方队、会标方队、彩旗方队、鲜花方队先后走过主席台，各班级也进行了精彩纷呈的入场式表演，获得共同感受。而学生们在赛场上奋力拼搏，尝试锻炼的愉快、竞争的刺激，在跌倒时互助勉励，表达关爱，儒学思想——“仁爱”体现得淋漓尽致，合作的欢声笑语充满了整个操场。

5. 踏青活动：铭记心中的礼仪

亲近自然踏青，让师生在与自然和谐相处中感受物的广博与人的和谐。如，“愉悦心情，拥抱秋天”社会实践活动让师生走出校园，亲近自然，感受人与自然的和谐。上海野生动物园里，小朋友们怀揣兴奋与新奇，在观赏动物的表演中感受它们的友好，在参天古木中感受“绿色氧吧”带来的舒适，在聚餐中学会了自理，并懂得了分享。再如，“走出校园，乐享春天”的社会实践活动，在上海辰山植物园，师生参观郁金香女神、花卉展示厅，呼吸了新鲜的空气，与大自然亲密接触。安全和文明礼仪教育贯穿整个活动始终，充分展现了学子的礼仪风范。实践活动让孩子们有了亲近自然、放松心情、开阔眼界的机会，师生共同踏着春天的足迹，沐浴春日的阳光，感受成长的快乐。

学生在实践中体验和感受到良好道德行为给自己和他人带来的愉悦后，就会自觉、积极地接受良好的道德行为，不断纠正不良行为。同时在旧的自我中不断创新，养成了好的道德习惯，体现了“习惯成自然”，最终形成优秀的道德品质。

四　中华优秀传统文化进小学校园的艺术

有文化的教育，必须有文化内涵和外延的推进，即有文化地实施。

中华优秀传统文化，既然是文化的品牌，那么进小学校园必须采用艺术性的方法，使艺术与文化融为一体。

无论是文化，还是教育，要使文化产生向心力，使教育产生影响力，讲究方法，讲究艺术，就是使文化有最好的呈现，使教育有最有力的彰显。

中华优秀传统文化进小学校园，应当是一件文化加艺术的完美再现。越是艺术化，也就越有文化性、教育性。

（一）“生活”起点与传统文化“关联”

尽管中华优秀传统文化具有历史的积淀，但在具体传承中，还是需要结合学生的生活实际，让文化与教育联系起来。

记得有一位老师曾经说过：“整合是当今教学中教师必须树立的一种教学观念。”如果教师通过多种渠道拥有了许多资料，却没有对其进行合理的筛选和整合，那么教师只是在“使用”而非“利用”资源，学生的学习仿佛成了“猪八戒吃人参——不知其味”。当我们围绕儒家思想收集了大量的生活事例后，必须将学生的生活与传统文化传承联系起来。

1. 选一选，凸显事例利用的典型性

将学生的生活与主导的思想建立关联。一旦确立教育的指向，如“仁”“孝”等，围绕主题内容，我们就以儒家思想为“经”，以事例为“纬”，编织起一张巨大的“筛子”选一选，在众多的事例中选取其精华的、能反映相关问题的典型事例，成为教育的“生活底板”。

2. 联一联，增强事例利用的针对性

不同年龄阶段的孩子有着不同的个性特点，面对发生在孩子身边的众多事例，我们根据学生的特性，深入剖析，产生这样的联想：它与儒学思想中的“仁”“孝”“信”“智”的哪些思想有联系？它与哪些中华优秀传统文化的内容达成关联？哪些是学生感兴趣、能接纳的？哪些事例可运用儒学思想对学生出现的共性问题的解决有帮助？经过这样一番联想后，在教师心中对事例的利用就有了针对性。

3. 串一串，提高事例利用的关联性

确立了儒学思想教育的主题内容，我们选择好了一些典型的、有针对性的事例后，就想方设法把它们与儒学思想——“仁”“孝”“信”“智”教育的环节和目标巧妙地结合起来，再与中华优秀传统文化“厚仁”“敦亲”“诚信”“好学”相整合，加强事例间利用的关联性。

学习离不开生活，尤其对小学生来说，学校、家庭、社区是孩子生活的三个最主要的场所。如学校搭建不同的平台引导孩子探秘二十四节气，寻找二十四节气中蕴含着的厚实的人文底蕴。

校园大探秘——在学科中挖掘二十四节气的内容，让学生先在语文书本里寻找二十四节气，会不会大有收获呢？果不其然，在语文课文中有很多内容与二十四节气有关，比如有一首古诗《清明》，就是二十四节气中的一个；有一篇课文就是《立夏节到了》，讲述了立夏节的风俗……在图书馆里也找到了一些二十四节气的绘本，从绘本中了解秋分、冬至……学生在翻阅教材、阅览书籍的过程中顿时激发了极大的探究兴趣，感受到其实二十四节气就在我们身边，只是平时没有关注到。

家庭大搜罗——利用中秋、国庆、元旦小长假深入田间地头，走进农家小院，学生通过采访调查、实地走访，向亲戚祖辈、街坊邻里了解到二十四节气与生活密切相关的具体内容，以“秋分”节气为例：

2018年的中秋节假期正值9月份的“秋分”，风和日丽，秋高气爽，丹桂飘香，蟹肥菊黄。秋分是风景优美的时节，适合开展登高、赏秋等户外活动。国庆节期间正值秋分过后的“寒露”，早晚温差变大，这个时候要及时添衣保暖，特别要注意胃部的保暖，夜晚睡觉也要盖好被子了，否则很容易感冒的。在元旦期间正值“冬至”“小寒”，这个时段是冬令进补的最好时机，煲上羊肉汤、泡杯养身茶，为来年开春养精蓄锐。

闵行大寻访——由于我校的生源来自全国各地不同省份，有一部分学生无法深入田间实地采访，即使是本市的学生虽身处城郊，但也已经没有自家农家田园，无法直观地进行观察。于是我们组成一支支“寻访小队”前往浦江镇现代农业园区，通过聆听园区内的工作人员的介绍，了解不同节气中适合不同植物的生长。

学生通过走访调查、阅读书籍、上网浏览等方式收集到不少妙趣横生的关于天气、节气与农事的谚语，了解与二十四节气有关的农语农谚，知道二十四节气与农耕农作规律、气候变化、人的健康生活的关系，并且用一份份调查小报呈现了他们的探究成果。

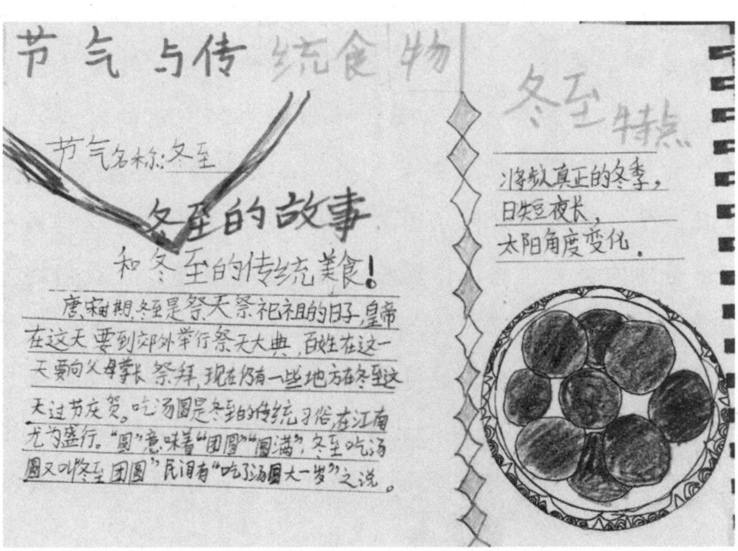

【案例】特色活动，体验二十四节气，培养多元素养

二十四节气中颇具特色的风俗也为二十四节气活动提供了取之不尽的知识源泉。通过特色活动，让学生们感受二十四节气，培养他们的多元素养。

节气与美食 中国饮食文化博大精深，源远流长。经过历史岁月的沉淀，在中国饮食早已超出了它本身的意义。二十四节气中的有些节气依然是中华传统节日，节气的风俗流传至今，具有其特定的文化内涵，凝聚着中华民族的智慧，体现着中华文明的特点。以“冬至”节气为例，它既是二十四节气之一，又称为“冬至节”，是一个传统节日，是个家人早点回家团聚的日子。让学生和爸爸妈妈一起动手做一道普通的美食佳肴，体现着一份真挚的亲情，让我们的节气更有了庄重的仪式感，让我们的亲情更具有生命活力。通过美食的享受，把节气过得温馨起来，过得特别有意义。学校里的学生来自五湖四海，传统节日的美食分享，让学生们看到了不同的地域文化：冬至节，北方吃饺子，南方吃汤圆，还让学生们了解了上海人冬至吃烧饼。

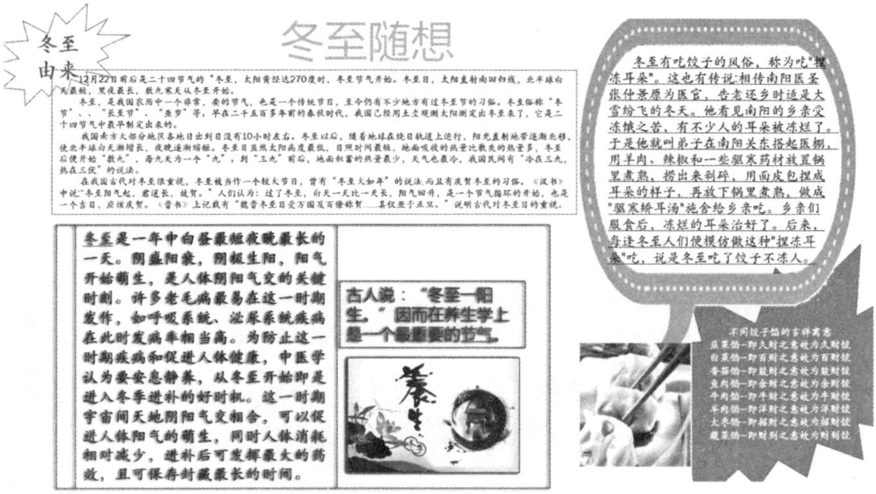
冬至随想
冬至由来
12月22日前后是二十四节气的"冬至，太阳黄经达270度时，冬至节气开始。冬至日，太阳直射南回归线，北半球白天最短，黑夜最长，数九寒天从冬至开始。
冬至，是我国农历中一个非常，要的节气，也是一个传统节日，至今仍有不少地方有过冬至节的习俗。冬至俗称"冬节"、、"长至节"、"亚岁"等。早在二千五百多年前的春秋时代，我国已经用土圭观测太阳测定出冬至来了，它是二十四节气中最早制定出来的。
我国南方大部分地区各地日出到日没有10小时左右。冬至以后，随着地球在绕日轨道上运行，阳光直射地带逐渐北移，使北半球白天渐增长，夜晚逐渐缩短。冬至日虽然太阳高度最低，日照时间最短，地面吸收的热量比散失的热量多，冬至后便开始"数九"，每九天为一个"九"，到"三九"前后，地面积蓄的热量最少，天气也最冷，我国民间有"冷在三九，热在三伏"的说法。
在我国古代对冬至很重视，冬至被当作一个较大节日，曾有"冬至大如年"的说法.而且有庆贺冬至的习俗。《汉书》中说"冬至阳气起，君道长，故贺。"人们认为：过了冬至，白天一天比一天长，阳气回升，是一个节气循环的开始，也是一个吉日，应该庆贺。《晋书》上记载有"魏晋冬至日受万国及百僚称贺……其仪亚于正旦。"说明古代对冬至日的重视。
冬至是一年中白昼最短夜晚最长的一天。阴盛阳衰，阴极生阳，阳气开始萌生，是人体阴阳气交的关键时刻。许多老毛病最易在这一时期发作，如呼吸系统、泌尿系统疾病在此时发病率相当高。为防止这一时期疾病和促进人体健康，中医学认为要安息静养，从冬至开始即是进入冬季进补的好时机。这一时期宇宙间天地阴阳气交相合，可以促进人体阳气的萌生，同时人体消耗相对减少，进补后可发挥最大的药效，且可保存封藏最长的时间。
古人说："冬至一阳生。"因而在养生学上是一个最重要的节气。
养生
冬至有吃饺子的风俗，称为吃"捏冻耳朵"。这也有传说:相传南阳医圣张仲景原为医官，告老还乡时适是大雪纷飞的冬天。他看见南阳的乡亲受冻饿之苦，有不少人的耳朵被冻烂了。于是他就叫弟子在南阳关东搭起医棚，用羊肉、辣椒和一些驱寒药材放置锅里煮熟，捞出来剁碎，用面皮包捏成耳朵的样子，再放下锅里煮熟，做成"驱寒娇耳汤"施舍给乡亲吃。乡亲们服食后，冻烂的耳朵治好了。后来，每逢冬至人们便模仿做这种"捏冻耳朵"吃，说是冬至吃了饺子不冻人。
不同饺子馅的吉祥寓意
韭菜馅—即久财之意故为久财饺
白菜馅—即百财之意故为百财饺
香菇馅—即鼓财之意故为鼓财饺
鱼肉馅—即余财之意故为余财饺
牛肉馅—即牛财之意故为牛财饺
羊肉馅—即洋财之意故为洋财饺
大枣馅—即招财之意故为招财饺
酸菜馅—即财到之意故为财到饺

冬至暖胃主题活动
和妈妈一起
做翡翠白菜
水饺
四（4）班 王子墨
主料：
面粉 小青菜 五花肉
辅料：
酱油适量 香油 少许盐适量
1. 用菠菜榨汁和面，再用温水和面，面分绿色白色两团。
2. 先将五花肉剁碎，加酱油香油、加大葱末和姜末，最后加去水剁碎的小青菜调味。
3. 把绿色面擀成宽6厘米的长方形，把白色面搓成直径1.5厘米的长条，白色长条放在绿色中间，再用绿色卷起白色，全部卷上后揪剂子，擀的面皮就成了中间白周围绿了
4. 现在煮饺子，肉饺子多煮一会，伴上酱油醋、蒜，一家人就可以享受美味的翡翠白菜饺子了！

节气与养生　二十四节气与饮食养生也密不可分，中华民族饮食养生保健的历史源远流长，强调了饮食有节制，不可违背饮食宜和忌的原则，还要有饮食调理和饮食卫生等方面的具体做法。结合二十四节气中量身定做一整套美食方案：调理—滋补—预防，以达到养生的目的。

活动一：一茶一调理

秋分过后，气候干燥，很多学生嘴角发了不少热泡。据家长反映，孩子有便秘现象，特别是爱吃荤菜的孩子。秋天的气候也影响了心情。所以，我们策划了饮茶活动，每天，我们为自己和家人泡一壶茶。因为饮茶可以保养肌肤，消除疲劳，促进新陈代谢等。有的学生选择了清肝

为爷爷泡杯养生茶

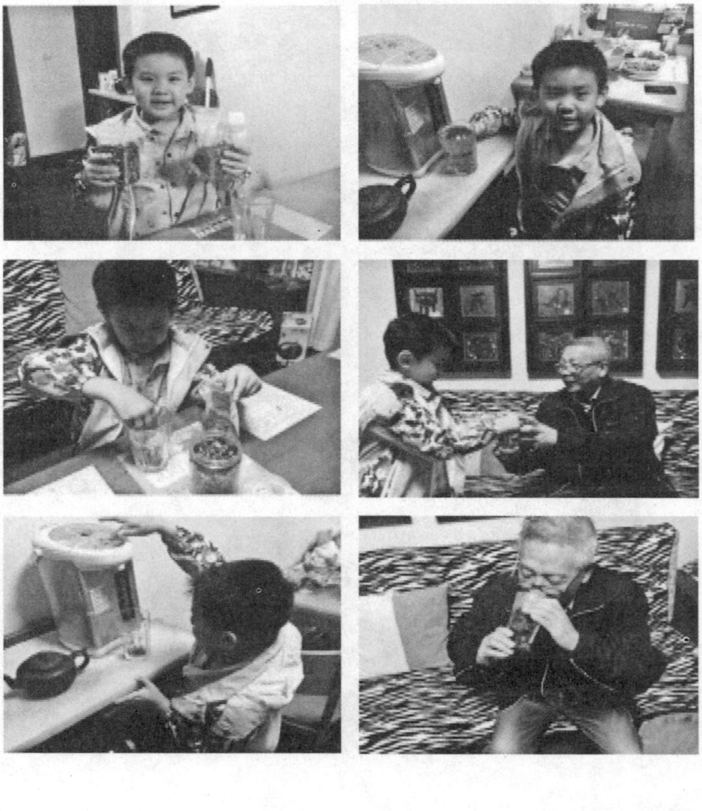

明目的菊花枸杞茶和金银花，有的选择排毒养颜的薄荷茶，有的选择利于通便的决明子茶……后来，学生在实践中发现，要根据自己和家人的身体情况来选择合适的茶种类。那些秋燥引起的困惑，真的在大家每日一茶的净润下，逐一攻克了。

活动二：一汤一滋补

在凉爽的秋分、寒露节气里，通过天然健康的饮食方式和饮茶介入，将肌体的状态调整到最佳，不仅可以补充元气，还能很好地预防冬日疾病。“一周一养生汤”的活动隆重登场。牛肉汤能健脾开胃，于是有的学生全家一起总动员，分工明确又相互合作，通过劳动品尝着美食，幸福满满。有位学生的妈妈是初中毕业班老师，压力超大，经常不舒服，她就煮了“爱心鸡汤”，妈妈高兴得紧紧抱着她。

活动三：一羹一预防

冬季一到，在雾霾的侵袭下，大家的健康令人担忧。熬上一大锅水果羹，既润肺又暖心。有位学生了解到自己妈妈有贫血，就给妈妈熬了赤豆圆子羹，亲手喂给她吃，说希望妈妈不要头晕。家人爱我，我关心家人，家人的健康成为孩子们关心事情。

节气与诗画　诗词歌赋是中国古代文化宝藏中的精髓，二十四节气在古人的笔下是二十四节气的诗词，我们一起领略古人诗词之美。学生通过《清明的十万个为什么》探究活动单进行闯关行动，孩子们也发现在清明前后，东北风和南风日渐增多，让人感到温暖清新。由于温暖气流逐步将冷空气推开，所以清明前后往往细雨霏霏、和风吹拂，正是种植庄稼的大好时节，很多农谚也和清明有关呢！在读书节期间学生还积极参加古诗文吟诵大赛，用创意小节目的形式吟诵“春分早，谷雨迟，清明种棉正当时”“寒食撒花，谷雨种瓜”等节气农谚与诗词。

在校艺术节期间，学生进行节气绘画，将生活中的所见所闻用画笔展现出来，成为节气中一抹特别的意境。

节气与游戏 孩子们都有一颗爱玩的童心，要让传统节气活动更富有童趣，结合立夏节气，各中队开展了不少有意思的体验活动。

立夏是一定要吃立夏蛋的，但我们在吃立夏蛋前先进行有趣的斗蛋活动，谁的蛋破了，谁就先吃立夏蛋，孩子们可高兴了。学生还用蛋壳作画，制作贺卡，在上面画上妈妈的画像，在母亲节之际送给妈妈，在妈妈下班回家时，她一开门，就献上画像蛋，祝愿妈妈能在夏天健健康康，不要疰夏，给妈妈一个大大的惊喜，非常有创意。立夏节，我们除了吃立夏蛋，玩斗蛋游戏，还要进行称人、吃百家饭、尝鲜以及进行迎夏等各项活动，内容丰富多彩！学生围绕立夏、小满进行主题式探究。母亲节就要来到，开展小队活动，每个学生都能自己带一样食材，如一把米、两根春笋、一些豌豆、一些蚕豆、黄瓜、红肠等，大家在一起，把食材都清洗干净，放在一起煮百家饭。煮熟后带回家给妈妈吃，让为我们辛苦操劳的妈妈们也能永远年轻、漂亮！通过学生分组讨论制订活动方案，通过学习、实践、交流等进行总结汇报，在传承传统文化的过程中能有创新的发现与实践，努力成为闵行小学“最美闵乐乐”——健康小卫士，彰显个人风采，成就个性成长。

节气与农作 经过前一阶段节气探秘活动的开展，学生们知道二十四节气与农耕农作规律、气候变化、人们的健康生活的关系。开展“我的节气我做主”节气体验活动，通过种植体验，亲身体验如何关注节气与庄稼交朋友，到田间观察、了解农作物的外形、名称、习性及作用，将真实的劳动感受写下来，感受劳动的乐趣，从而体会节气农作的辛劳，品悟农耕的魅力。开展“大家都来种”活动，每天在“闵乐乐种植园”总是聚集着一个个“小园丁”，通过讨论选择一种蔬菜农作物开始种植，充分利用“闵乐乐种植园”引导学生根据节气的特点种植蔬菜。随后开展“大家都来晒”活动，通过观察，队员用文字、照片记录校园、田间地头的生动场景与画面，组织晒绘画（画一画植物的生长过程）、晒美图（拍一拍植物的美景）、晒心得（写一写种植植物的观察日记）。等到蔬菜成熟丰收的时候，开展“大家都来做”活动，和同学、老师、家人一起分享，并制作成特色美食，进行亲子美食烹饪PK，根据创意进行打分。孩子们不仅发现了节气中体现的物候变化、农事规律，而且在传承二十四节气的过程中勇于探究、解决问题、合作担当，在传承中华优秀传统文化的同时学会认真学习、健康生活、担当责任。

（二）“争章”驱动与传统文化“对接”

中华优秀传统文化的习得，需要通过学生喜闻乐见的方式，而“争章”活动就是一把“钥匙”。

1. 11枚章成长有“章”

学校开展“七彩梦想少年”评选，第一学期“争章”有7枚章，分在每月1～2枚章：感恩章、坚强章、合作章、勤劳章、创新章、健康章、智慧章。第二学期进行巩固，重新再设4枚章：感恩章、智慧章、合作章和勤劳章。

我们结合班级实际情况，继续开展班级特色活动“聪明豆的快乐成长”，但主题从一年级的小岗位转化成组建小队“我是七彩聪明豆”，在原来的基础上有新的成长，初步培养学生有“小队”的概念，在活动中不断获得“合作”的快乐。

2. 11枚章内容有“章”

第一学期：

9月：感恩章（红色）

9月10日是教师节，学生们自发制作了各种可爱的教师节贺卡，在家里做一项家务，在学校里及时完成作业，及时订正。这些都是对长辈、对老师的一种体贴。小朋友们以四人小组为单位，一起合作做贺卡，有的准备画纸，有的负责剪图案，有的负责画画，有的写字，写祝福。大家合作完成一张张贺卡，或许他们的作品并没有多么美观，但一双双稚嫩的小手勾勒的却是他们一份份的祝福，大家把贺卡送到老师手中，传递的是片片真情。

9月：坚强章（黄色）

金秋九月是美丽的，更是运动的季节，我们要争坚强章，让学生从生活到体育锻炼等环节，每天都能做好一件事，如每天了解一条新闻，借助学校体育节，每天都能坚持一项体育锻炼，并能参加积极报名体育节的各项活动，没有比赛项目的同学也能积极加入啦啦队行列，并利用小组活动的方式提高团体活动的积极性。

体育精神，不仅要体现在体育活动中，更要体现在平时的生活中。我们指导学生们在家也要能做好一件事，比如整理自己的书桌，需要小朋友每天都要自己整理。我们发动家长，让家长也一起参与进来，给孩子们打分：是否每天都在整理？整理得是否干净？让家长们也参与到争章中来，让学生们的争章教育更为立体化。

10月：合作章（橙色）

金秋十月是最迷人的月份，也是国庆月，我们开展“我与国旗度国庆”的活动，让学生们在国庆七天长假中，带着国旗一起过长假。小伙伴们带着国旗，和爸爸妈妈一起出游，有的就在家门口，有的在市区，还有的出上海，来到了江浙一带，但都与国旗一起合影，度过一个有意义的国庆假期。

由于学生年龄小，对国庆节的了解还是一知半解，于是我们发动家长们，和孩子一起完成一份国庆小报，通过资料的查询、长辈的教导，孩子们对国庆节又有了深一层的理解。10月份，还是少先队的建队日，我们在学校里一起和老师学习有关建队的知识，为二年级第二学期加入少先队做好准备。

10月：勤劳章（青色）

勤劳一直都是我们“聪明豆”班一贯的要求，从9月的家里的书桌整理，到10月班级“小岗位”的完成，我们一直都在坚持着。大部分的学生已经基本养成了自己的东西收拾好，别人的东西也尝试着帮忙一起收拾，而班级的东西更是要学会一起来整理。

班级里的绿色植物一直都是由孩子们自己在整理的，他们会自己带着小水壶，花盆下接着盆，水太多了，也会小心翼翼地把多余的水倒在垃圾桶里，或者用抹布吸掉一些；对于一些发黄的叶子，他们会小心地拿一把小剪刀进行修剪。而对于一些已经掉了的叶子，学生们也会看情况而定：肉植物掉肉叶子，另外再找一个盆种（说不定还会再长叶子）；如果实在没的救，只能及时清理……

我们的孩子劳动起来已经开始有了方法，并不断在方法中改进，我相信他们会越来越聪明。

11月：创新章（紫色）

科技节的活动十分吸引孩子们的眼球，二楼走廊的科技长廊就让孩子们兴奋不已。我们结合学校科技节的活动，结合学校探究课的降落伞制作等，让学生们尝试着进行一定的科学小研究、小制作。孩子们用不同的材料研究降落伞的伞面，更换不同的绳子调整降落伞的长度，还挑选不同的挂重物，来调整降落伞下落的时间……

孩子们在研究中发现问题，在问题中获得不断的成长。

此外，学生们还在家中跟爸爸妈妈一起进行环保小制作，用牙膏盒和汽水瓶盖制作小型赛车；用废弃的牛奶盒，放上干草，做成鸟窝；用吃剩的布丁玻璃瓶做成七彩的许愿瓶；用多余的毛线球做了一幅画；还用吃剩的烧烤竹签，搭成了一座有水井、秋千的私人小别墅……二年级学生的制作能达到如此水平，真是大开老师的眼界，也让更多的学生打开思路，学习更多。

此外，我们还开展了科幻画、叶画评比，召开主题班会，亲自做做环保小纸盒，学生们在纸盒的制作中又学会了如何废物利用，在本次活动中大呼过瘾。

12月—1月：健康章（绿色）

寒冷的冬天来临，学生们一个个缩着脑袋，藏着手，课间时分也只是愿意戴着厚厚的围巾在教室里待着。对此，我们结合冬季长跑运动，发动大家一起挑战寒冷。早操，我们排着整齐的队伍进行跑步锻炼；课间，我们和小朋友们一起在门口的走廊上跳绳、踢毽子、玩木头人等游戏。在游戏活动中，我们又结合品德与社会课，再来设计各种安全有意思的小游戏，大家在快乐中收获健康。

1月：智慧章（蓝色）

表现性评价是我们孩子最喜欢的考核方式，我们在“闵乐乐，摘星乐”活动中，进行了“欢欢喜喜过大年”等各个学科的表现性评价。学生们以小组为单位，你拉着我，我牵着你，一起在玩乐中体验快乐，在快乐中进行学科的考察，玩玩乐乐，很能体现出学习的成就感。

表现性评价并不是一个学期的结束，它更是一个快乐寒假的开始。我们的学生已经开始进行以小组为单位，三人、五人为一组，设计有趣的寒假生活。有的在组长家里包一次馄饨，进行一次有奖竞猜；有的在组员家里猜谜语，进行一次儿童版的“奔跑吧，BABY”；还有的带着爸爸妈妈一起去博物馆享受一次历史文化的盛宴……总之，一定要将智慧进行到底。

第二学期：

2月—3月：感恩章

我们根据争章要求，在家、学校里一起做“元宵”。在活动中，学生们喜滋滋的，吃着自己包的汤圆，脸上洋溢着无与伦比的快乐，那份甜蜜真是溢于言表。3月，恰逢妇女节和植树节，孩子们虽然很小，但他们一个个都很可爱，在家里记录着妈妈、奶奶等女性长辈在家一天的劳动情况，感受着她们的辛苦，更学着大人样，在晚饭后，会挽着她们的手，一起散散步，说说话。这虽然并不是一件惊天动地的大事，但说说心里话，平静地走走路，这样的幸福对于我们平时精彩的生活来说也是不可或缺的。

除此之外，我们的孩子还以小组为单位，在教室里种植植物。此次，孩子种植的都是水培植物，这样的植物养护，对于这群孩子来说，应该是容易了很多，省去了浇水这件事。但孩子们还是遇到了很多事：水是不浇了，但不常换水，植物的根部出现了小虫子；带来的风信子花期很短，没过几个星期就死了；水培植物换水时，学生抓着茎部，几个人抢着换水，造成植物断茎……对植物的养护虽然孩子们很想尽心尽责，但因为小组中职责不明确，能存活到学期期末的实在是少数。但不管是失败还是成功，这份体验都是学生不可或缺的必然过程，学生看着美丽的校园，也学会了感恩，明白了我们校园的美丽，和园丁伯伯的精心照料是分不开的。

4月：智慧章

4月，春暖花开，更是我们传统节日“清明节”月，我们和小伙伴一起想想如何过一个环保的清明。学生们除了在清明节踏青、祭拜前辈、吃青团等，还在踏青时关注如何过好清明，开动各自的脑筋，把清明的智慧体现出来。学生们手拉着手，一起采草莓，但不随便乱摘，摘大的，不摘小的，小草莓还要再长个头；游菜花田时，拍照不破坏原来的菜花地；在绿油油的草地野餐时，收集垃圾，不让垃圾随便乱飞……

小伙伴们在踏青游玩时，还会收集游玩地的小知识。如去上海昆虫博物馆和上海植物园，小朋友们有的就事先针对这两个地方分工合作，做成小报，开设主题班会，让更多的小朋友了解我们游玩地方的小秘密。这样，小朋友们春游就不仅是吃东西这么简单，更是脑力大激荡了！

5月：合作章

5月是最温暖最“红色”的。5月是小朋友要加入少先队的一个月，在这个月中，组织学习有关少先队的知识，由高年级的哥哥姐姐上队课，少先队辅导员上队课，让小队员学习敬少先队队礼，了解红领巾的含义，更感受到红领巾的来之不易。

为了入队仪式，小队员们也是积极认真参与之后的表演活动，反复学习、背诵、排练……一个个在合作活动中累得汗流浃背，但大家为了能加入少先队没有一个叫苦叫累。戴上红领巾后，新队员们也一个个精神抖擞，学习生活的劲头更足了。

艺术节也在红五月中如火如荼地开展着。学生们积极参加，都以小组的形式团结出发，器乐五人组、绘画三人组、唱歌六人组……学生们利用课间休息时间积极参加练习，或许，我们的质量还不够高，但这种合作、团结的心让我们很是兴奋，这群“聪明豆”们体验到合作的快乐，责任感更加提高了。

6月：勤劳章

临近学期末，学生们的学习氛围更浓了，依旧在传统文化节日的熏陶下，感受着中华五千年的历史文化。阴历五月恰逢“端午节”，在语文课文《粽子》的启示下，让学生了解端午的来历与大诗人屈原的感人事迹。学生通过课文的学习及课本剧的表演，对爱国诗人屈原又有了更深一层的认识，有的学生还觉得不够，他们回家后会再查找有关端午的其他风俗习惯，原来赛龙舟、喝雄黄酒、家门口挂艾草等也是风俗之一。通过对端午的了解，也更热爱生活。学生对于包粽子，还是觉得很有难度，就纷纷学做香囊，那一个个可爱有趣的香囊上纷纷撒上药粉，佩戴在身上，除了味道好闻，还能驱虫、提神醒脑，在炎热的初夏，让人更加神采奕奕，更是觉得继续发扬中华传统节日文化是小学生神圣的职责。

（三）“评价”引擎与传统文化“共振”

评价，是教育的“常规武器”，也是教师的“教学利器”，更是学生的“成长神器”。

评价，对传统文化的传播、传授、传达起着牵引的作用，对传统文化的演示、演绎、演化起着反馈的作用，对学生的吸引、汲取、吸收起着引导的作用。

1. 完善“四位一体”的评价体系

在“班级”“学生”“活动”和“家庭”四大方面打造中华优秀传统文化教育的评价体系。用多元评价，引导学生传承中华优秀传统文化，获得成功的体验，获得中华优秀传统文化传承的重要记忆。

培育传统文化素养的班级评价——学校以“五星级温馨教室”评比

为载体，在已有的班级评价内容中，增添了班级文化(节日活动)项目，鼓励班主任发挥自身优势，或利用家长、学生和社会资源，培养学生的兴趣和爱好，形成班级特色的传统文化活动。

养成君子人格的学生评价——小学教育的本质是养成教育，养成良好的行为习惯和品德。为了鼓励学生努力践行“君子人格”，在以节日教育为载体，开展中华优秀传统文化教育的实践研究过程中，学校每学期坚持评选班级“小小白鸽员”“礼仪示范员”“环保小卫士”“班级小当家”“守纪领头雁”和“诚信小天使”等，既让传统教育具有新意，又让学生践行传统美德，教育效果比较明显。

践行优秀传统文化的活动评价——在“中秋节”“端午节”“清明节”“元宵节”等传统节日活动的开展过程中，鼓励学生从明理、生活技能学习和美德践行等方面，积极参与传统节日活动，并将活动参与、能力提高和教育感悟均记录在“学生电子成长空间”中，既让学生积极参与，又让学生留下成长记忆。

探究渗入文化教育的家庭评价——在长期的教育实践中，我们认识到如果学校的德育未能获得家庭的了解、信任和支持，教育的有效性将十分有限。因此，在节日教育的主题系列活动中，我们邀请家长参与其中，让他们知晓学校开展的系列活动，并充分发挥他们的评价导向作用。

2. 善用“多元多重”的激励办法

评价对传统文化的传承起着促进作用。为实现学校提出的培养目标，教师利用激励机制把学生对儒学思想的求知欲激发起来，让每个学生都爱读儒学经典，都能运用儒学思想，从“仁”“孝”“信”“智”出发，指导自己的日常言行，继承发扬“厚仁”“敦亲”“诚信”“好学”的中华传统美德。

在教育中充分运用评价激励，是促进学生主动学习儒学经典、乐于学习儒学经典的重要举措。萃取儒家经典，开展中华传统文化教育采用多主体、开放性的评价，教师可根据具体情况，选用或综合运用教师评价、学生自评、互评、家长评价等方式进行评价，使评价走向多元化。

教师善用评价，学生知晓儒学思想的“助推器”——美国心理学家詹姆士曾说：“人最本质的需要是渴望被肯定。”课堂上，教师的一个赞许的眼神，一个肯定的手势，摸摸头，拍拍肩，都会使学生感到亲切、安全。鼓励会满足学生的心理需求，使之产生欣慰、幸福的心理体验，从而增强荣誉感、自信心、上进心，提高活动的自觉性，健康、全面发展。

语言鼓励：语言鼓励，常以微笑、注视、点头、肯定的手势等身体语言进行鼓励，给学生更多的表现机会，如：“你真孝顺！”“你真是个爱动脑筋的孩子！”“你是一个诚实守信的孩子。”

物品鼓励：结合班级争章活动，采用粘贴章的形式予以鼓励，如9月感恩章，孩子能以手绘报的形式，记录自己为长辈做的一件事情，或者别人帮助自己的事情，就可以得到一枚“感恩章”，将章贴在“争章栏”里。给予在“仁”“孝”“信”“智”方面表现突出的学生一些小物品的奖励。

精神鼓励：学校开展“诚信小天使”的评比，抓住这一弘扬诚信楷模的活动，在班级先开展评比，优胜者上报为学校的诚信小天使，并在学校的宣传栏中展示照片，张贴事迹，让孩子诚实守信的好品质为大家所知，成为广大同学学习的榜样。

开展自评他评，学生践行儒学思想的“金钥匙”——学生是接受传统文化的主人，个人自评、同桌互评、小组评议等方式，有助于发挥学生的主体作用，调动学生接受教育的积极性。运用儒学思想——“仁”“孝”“信”“智”，指导学生的日常生活和学习，根据“学生行为规范评价表”开展自评与他评活动，对照自己班级开展“亮眼睛行动”自查活动，发现表现突出的人和事，及时予以发扬，让儒学思想入耳、入心，让中华传统美德发扬光大。

家长参与评价，学生进步成长的“新摇篮”——家长的评价对孩子的成长同样起着重要作用。“仁”“孝”“信”“智”方面的表现行为往往是在课余时间，在家里、在社区，孩子的行为老师、同学都无法看见、评价，但是作为家长却能对孩子日常生活中的行为表现做出评价。因此，多方引导家长评价，让家长成为评价的主体之一。老师利用家访、家长会、家长开放日等机会，传达评价标准，表达希望得到家长的配合、增进家校交流、增强家校互动的愿望，如：根据儒学“孝”的要求，在家是否对父母、长辈孝顺？根据儒学“信”的要求，答应家人的事情用实际行动去完成了吗？等等。这些工作的开展拉近了家庭与学校的距离，有力地促进了家庭与教师的沟通与相互理解，为家长参与评价子女的学习创造了良好的条件。

3. 丰富“多向评价”的途径方法

学校通过设立各种有效评价的方式，实施多向评价，在寻找“最美闵乐乐”评选中养成各种品质。

学校围绕育人十二大核心素养：热爱祖国、诚信友善、礼仪规范、热爱劳动；乐学善学、勇于探究、问题解决、珍爱生命；学会沟通、主动参与、合作担当、关注表达，评选出如下十二大先进个人，分别是：

爱国好少年（热爱祖国）——热爱祖国，热爱家乡，积极进取，富有活力，积极参加社区公益活动，自觉践行社会主义核心价值观。

诚信小天使（诚信友善）——重信守诺，言行一致，作业按时完成，不拖拉。对事负责，答应别人的事情积极完成。

小小礼仪员（礼仪规范）——举止文明，礼貌待人，尊敬师长，团结同学，遵守中小学生日常行为规范，为人处世有礼有节。

班级小当家（热爱劳动）——积极参加力所能及的劳动，做力所能及的事情，与同学一起劳动，吃苦耐劳。

学习小能手（乐学善学）——乐于追求知识，善于学习，勤练技能，拓展自己的技能与本领。

创新小先锋（勇于探究）——积极投身科技实践、发明创造活动，能够勇敢迎接挑战，富有创新精神，开拓新领域，创造新成果。

智慧小博士（问题解决）——善于解决在学习和生活上遇到的各种困难和问题，不怕失败，迎难而上。

健康小卫士（珍爱生命）——能坚持锻炼身体，自觉维护环境卫生和公共设施，有良好的身体素质，有着积极健康的心理状态。

交往小使者（学会沟通）——尊重并理解他人，能够合理评价和约束自己的行为，主动与他人交流和分享。

活动小达人（主动参与）——具有突出的文艺才能，热爱体育运动，积极参加体育锻炼，在体育竞技方面勤于练习，刻苦训练，在各类艺术体育活动中表现突出。

合作好伙伴（合作担当）——热心参与学校工作，活动能力强，有团队精神，积极参加校外活动，表现突出。

表达小明星（关注表达）——在课堂上回答问题声音响亮，在各种活动中大胆自信，表现落落大方。

围绕上述内容，学校形成了“最美闵乐乐”评选方案。评选的流程是：首先由各班班主任组织本班学生根据评选标准，公开、公正、公平地选拔，真正选出心灵、道德、行为表现突出的学生，综合以上12项每班推选出一名班级“最美闵乐乐”，学校大队部组织对各班推选出来的“最美少年”进行考察，学期末评选出学校“最美闵乐乐”，并通过多种方式大力宣传各班涌现的典型人物和先进事迹，努力在学校形成学习“最美闵乐乐”、争当“最美闵乐乐”的良好道德风尚。

同时，丰富评价的过程和方法。

过程性评价——“七彩梦幻币”是贯穿整个活动评价的助推器，是奖励与惩罚的小小手段，获得它的同学能在每周五下午的快乐半日活动中，购买糖果、学习用品或者点一首好听的歌，也可以点一部好看的电影给同学们看，还可以不使用，把钱存起来，看谁是聪明豆班的“大富翁”。学生们很喜欢这样的活动，在这半日活动中，或吃、或学、或玩、或开心地与大家分享，其乐融融。

表现性评价——低年级表现性评价的展现是多元化的，是落在平时日常教学中，落在体验学习快乐中的。作为教师，就要做个有心人，多创设一些情境，让学生去做，去体验。各种活动的展现，让学生们不断思考，不断改变自己的想法，充实自己，教师们也在其中观察着学生，感受着学生们在玩中体验快乐，更在玩中关注文明、有序，体现责任的价值。

榜样式评价——在学校少先队的大型活动中，我们按每月的争章情况评选“七彩梦幻少年”和“诚信小天使”。学生们的眼睛是雪亮的，每次评选都有小朋友的自荐和同学之间的推荐，班主任老师一定要学生们讲出所推荐同学的理由，确实是名副其实的，才能成为候选人，这更是本着对同学负责、对大家负责的精神。

交流式评价——孩子们所有的快乐成长体现在家中是最为明显的，家长们对自己家的宝贝也是关怀备至。每次学校有新的任务，学生们会欢呼雀跃，家长们也兴高采烈，帮助学生们记录他们成长的点点滴滴。有的拍成照片发微信，有的写成文字发在QQ空间，有的索性拍成小型的VCR……

4. 妙用“自省+微调”的个性评价

曾子曰：吾日三省吾身。在研究中，我们除了通过教师的专业指导来开展评价反馈的后续活动，如何指导学生学会自省也是重点。

寻找参照对象。在教育中，我们鼓励学生追求个性化的成长，不主张跟他人做比较，但我们建议学生以某一同伴为奋斗目标。学生在接收到评价反馈信息后，除了知道自己的现状外，还要寻找自己与参照对象的差别。随着评价反馈活动的不断深入，学生寻找的参照对象不断调整，奋斗目标越来越高，激励学生在行为养成道路上有冲劲。在薛老师班上有个叫小妮的女孩，她性格要强，一开始她要与班中的“读书大王”比赛，自己定下了“每天阅读100页”的标准，结果几乎每天都达不到标准，大大打击了积极性。后来在老师的引导下，她自我反思，发觉自己选择的参照对象太强了，不是跳一跳就能摘到苹果的。于是，她调整了参照对象，调整了评价标准。渐渐地，她的积极性又回来了，且越战越勇。

分析评价信息。隔一段时间，我们会引导学生去翻看近阶段的评价反馈信息，去自我分析，为下阶段的活动做好准备。比如在严老师的“四年级亲子沟通问题的实践研究”中，刚开始时，大部分学生每天在交流本上写的都是父母在和自己聊天时只玩手机，给自己报很多补课班，希望父母多陪陪自己等。严老师引导学生去看看自己的评价反馈。学生们发现自己的评价信息满满都是对父母的不满，却没能体会家长上班也辛苦，发觉自己很任性。他们有的调整评价反馈内容，比如有个孩子将希望父母陪自己踢足球、搭乐高，换成了陪父母逛街、做家务等。一下子，交流本上满满都是“爱”。

5. 健全“考核反馈”的进阶机制

学校通过对校内外评价的考核反馈机制的健全，从而促进传统文化传承的持续性。

学校层面表现为：“五星级温馨教室”评比——以“五星级温馨教室”评比为载体，制定并完善《推进“中华传统文化教育”（儒家思想之伦理道德）的行动策略》（以下简称《行动策略》）。寻找与行为规范训练的最佳结合点，分年段达标。为使《行动策略》落到实处，每学期制定《德育导向》，结合传统节日，每月有主题，每周有重点。为达到知行统一，创编《文明进校懂礼貌》《文明卫生要牢记》《文明升旗爱国情》《文明课间伴我行》《文明课堂要明晰》《文明用餐心间记》《文明做操身体好》七则童谣，将此做成宣传版面布置于大厅墙面。利用两分钟预备铃时间吟诵行为规范童谣，比照行为，互相督促和提醒，并将童谣的背诵与争章、温馨教室评比相结合。借助值日中队加强对各班文明礼仪、晨间、卫生、“两操”的检查。

“好习惯伴我快乐成长”评比——每学期开展“好习惯伴我快乐成长”活动，评选班级“小小白鸽员”“礼仪示范员”“环保小卫士”“班级小当家”“守纪领头雁”和“诚信小天使”等，发挥榜样效应。

家庭层面表现为：为形成家校教育合力，学校分年段制定“学生家庭行为规范评价表”，从生活习惯、学习习惯、交往礼仪、学校集体规范、社会公共规范五方面内容进行自评与家长评价，每月进行反馈。

（四）“家校”纽带与传统文化“同行”

学校与家庭教育的同心协力，是教育深入人心的重要标志。

学校和家庭，都是育人的重要阵地，各自有着不同职能和分工，但在教育目标、教育内容等重大环节上是一致的。

发挥家校的各自作用和协同的共同作用，是中华优秀传统文化进校园的“最后一公里”，也是保证文化、教育永在路上的“助推器”。

1. 家校携手的多种渠道

家校携手，中华优秀传统文化的传承就更有根基。学校采用了这些有效的方法。

一是家访：为国学教育做铺垫——新生刚入学的那年暑假中，老师冒着酷暑对一年级新生进行了家访。与孩子、家长进行交谈，观察孩子与人交往的能力，了解孩子的兴趣爱好，了解孩子在家中的习惯及幼儿园的学习生活情况，了解学生及其家庭的生活环境、生活现状等。同时，向家长和孩子做自我介绍，让孩子喜欢新老师，了解学校、班级等情况。老师从家访中了解到班级来自外省市的孩子很多，这样的家庭具有特殊性，家长忙于打工赚钱，疏于对孩子的启蒙教育；有些家长想静心教育孩子，但苦于没有好的正确的方法。对于儒家思想，部分家长略知一二，极个别家长一点儿也不知晓。为此老师引导家长重视家庭教育，创设契机，让家长在短时间内学习有效的家庭教育方法，学习儒学思想，以便配合学校对儒学思想的传播，有针对性地开展中华传统美德教育。

二是家长学校：为家长们指点迷津——学校举办系列讲座，向与会家长介绍了办学理念、办学特色及两大重点发展项目。此外，学校还分别邀请优秀校友及有关人士开设主题为“今天种下好习惯，明天收获好人生”“小学成功家庭教育须知”“一年级家长指导孩子学习的策略”系列讲座，呼吁“教育孩子首先不输在家庭教育上”。

历次讲座中家长们均热情高涨，悉心聆听，耐心笔记，虚心请教，充分反映了他们对孩子教养问题的重视。通过分享与探讨，家长们纷纷表示，通过学习，教育理念得以更新。学校开展的“走进儒家经典”活动为家长们所认同和接受，并在落实中华传统文化和美德的教育上学到了一些具体的策略。

三是专题讲座：引领家长“走进儒家经典”——家长会是家校沟通交流的一个很好的平台，学校在家长会上，除了汇报近来班级建设的总体情况，分析学科学习情况之外，更重要的一块就留给儒学思想的传播和指导，让家长了解学校德育的主要研究方向——中华优秀传统文化，也让家长明晰班级开展的“萃取儒家文化精华，开展小学低年级传统美德教育的实践研究”，对学生进行“仁”“孝”“信”“智”方面的教育。为了让家长也能尽快走进儒家经典，老师还特地精心备了课，做了PPT，进行了主题为“学《论语》经典语录，促良好习惯的养成”的专题讲座。通过讲座，家长对儒学思想有了粗浅的认识，这样的家校合力，对于儒学思想的深入人心，传统美德的继承和发扬起到了很好的推动作用。

四是家长答题：搭建家校沟通平台——开学伊始，班中每位孩子的家长都购买了《不输在家庭教育上》一书，这是一本全国班主任指导家庭教育工作专业用书，也是全国家庭教育指导师个案指导专业用书。

我们充分利用身边的好书，让家长们投入读书、讨论、写感悟的活动中去。家长会上，对家长从认真阅读参考篇目有所得、结合自己的家庭教育有所悟、便于老师了解家庭教育情况有所引三个方面进行了辅导讲座，每月答题让家长们自觉或不自觉地去阅读案例及专家点评指导，并联系自己孩子的实际谈感受，家长的家庭教育能力也随之提升，很多原本的错误理念和做法也在阅读之后得到反思并改善。教育“行为问题”学生不单以简单粗暴的打骂来解决，而是认真分析事发原因，采用合理的方法，耐心细致地予以疏导。如，有位家长在读了《每个孩子都是优秀的》一文后，发出感言：“我想，孩子是否优秀，并不是最重要的，重要的是他能喜欢上学习生活中的点滴，并能在其中快乐地成长。在父母的心目中，孩子都是优秀的，这在于我们各自给孩子的目标不同罢了。”有的家长在读了《注意力不集中的背后》一文后写道：“早前，我带孩子们上书店，小婷总是拿这本书看一下放下去，再拿另一本书看一下封面又放下去，然后走来走去地总是静不下来看一本书。后来，我想小孩子不都是喜欢做游戏的吗？我就买了一些锻炼观察力和注意力的书，如《走迷宫》《找不同》等让她看，培养她看书的习惯。现在阅读短文的时候，我会把她多读或漏读的地方用记号记下来，让她从头再读一次，这样，再次读的时候她自然会注意些了。”可见书本对家长的启迪还是很大的。从书中众多的教育案例中，也能深刻感受到几千年前儒家关于“治学”方面的独到建树，对于孩子良好习惯的培养，有着相当前瞻性的指导。

2. 引导家长的遵循原则

抓早抓小，事半功倍——抓住关键期对学生进行养成教育，可以收到事半功倍的效果；错过了关键期，再施以养成教育将是事倍功半，甚至终身难补。所以对小学生来说好的习惯养成非常重要，这时候的孩子就像一张白纸，绘上什么图画就是什么图画。而画好的图画再想改正可就难多了。因此，养成教育要抓住关键期，注意研究他们的特点，严格要求，正确引导，强化训练。在关键期把教育抓小、抓早、抓细、抓紧、抓实，达到“随风潜入夜，润物细无声”的境界，从点滴的养成教育抓起，让孩子在生动形象的活动中去体验，逐步养成良好的道德品质和行为习惯。

同时，对待孩子的习惯培养要抓好“第一次”。对于好习惯的培养哪怕仅是一点点的进步，也要及时给予适当的肯定、赞许、表扬，使之受到激励，取得再进步的动力。孩子难以忘怀的学习体验，往往来自许许多多的第一次：第一次得到了激励，获得了满足，从而成为促进儿童成长的契机；第一次不良行为受到批评惩罚纠正，产生羞愧感，以后就会多加注意。所以在培养孩子行为规范习惯的时候，要抓早抓小，这样就能事半功倍。

循序渐进，持之以恒——任何孩子的成长都是一个循序渐进的过程。养成教育也是一个由浅入深、由近及远、由易到难、循序渐进的过程，违背了由低到高这个序，就会妨碍孩子的成长。培养孩子的习惯要充分遵循孩子身心发展规律。例如，我们要培养孩子“做事有始有终”的习惯。对幼儿园的孩子来讲，我们应该要求他们在玩的时候自己把玩具拿出来，玩完以后自己收好；对小学生，就要求他们看书做作业的时候认真仔细，写完以后自己检查，然后自己收拾好书本文具才能去玩；对于中学生来说，就应该要求他们做事有责任心。从收玩具到做事有始有终，再到责任心，有了这样比较细致的要求和层次，培养起来就比较容易进行，孩子也比较容易接受。从这三个阶段来看，同一个习惯，在内容、水平、要求上都有不同，越来越高。循序渐进、持之以恒是成长之道。

教育一致，形成合力——习惯的养成不是单凭学校或者家长一方之力可以完成的目标。因此，无论是老师还是家长，都应该树立重点攻克、长期关注、相互配合的思想。作为家校合作教育的指导方，班主任不仅要坚持关注学生的学习情况和习惯，跟进学生的情况变化和发展趋势，掌握学生的第一手资料，还要积极地向家长反馈具体情况和问题，引导家长重视学生行为规范习惯的培养，为家长提出切实可行并有针对性的指导，使学校教育与家庭教育能够在目标、内容和方法上保持一致性和连贯性。同时，家庭内部教育保持一致，不仅指父母之间的相互配合，而是整个家庭之间的密切合作，只有这样，孩子才能更好地形成良好习惯。

尊重差异，讲究策略——习惯的养成受个体遗传、环境、教育和各种偶然因素的综合影响。每个人的个性特征和生活发展的环境都有不同，再加上各种偶然事件的因素，每个人的习惯形成既是一个个体社会化的过程，又是一个个体个性化的过程。因此，习惯培养或矫正必须尊重差异，讲究策略。

苏霍姆林斯基说过："教育的基本态度应是选择适合儿童的教育，而不是选择适合教育的儿童。"所以我们在对孩子进行习惯养成时必须找到适合孩子的教育方式方法才行，也就是要做到因材施教。我们在培养孩子行为规范习惯时一定要根据孩子的实际情况，研究孩子，读懂孩子，通过不断尝试、反思、总结，再调整行动，只有这样才能找到适合孩子的教育方式方法。

整体培养，相互促进——行为规范习惯不是彼此孤立的，它们之间有千丝万缕的联系。当孩子培养了一个好习惯，其他的方面也会随之进步。要想效果最大化，习惯培养或矫正必须遵循整体培养、相互促进的原则。

对孩子来说，要养成的良好习惯颇多，诸如生活习惯、运动习惯、卫生习惯、交往习惯、文明习惯、劳动习惯等。但在上述诸多习惯中，最重要的是生活习惯，因为一旦孩子养成了良好的生活习惯，不仅为形成良好的劳动习惯、运动习惯、交往习惯、卫生习惯等打下了良好的基础，也为形成良好的学习习惯创造了有利条件。例如，如果孩子在日常生活中是"马大哈"的话，那么，要培养他形成认真仔细的学习习惯就比较困难。因此，为了使孩子形成良好的学习习惯，决不能只关注一点加以培养，而要与培养良好的生活习惯等结合起来进行。习惯是多方力量共同形成的体系，我们对孩子的教育也应该立体地、全面地去思考，而不能只是片面地培养孩子某几个好习惯。在孩子习惯培养中，要整体进行，相互促进，这样才能产生合力作用。

3. 提升家长的指导能力

确立规范，具体要求——培养孩子良好的行为习惯需要确立规范，把习惯内容具体化为日常行为。什么可以做，什么不可以做，要约法三章，让孩子行事有章可依。无论是哪方面的养成教育，都需要教育者给孩子的行为制定一个目标，或者是要求。这个要求尽可能地具体，使孩子能够看得见、摸得着，这样才有利于孩子理解、掌握和执行。如果只告诉孩子要认真学习、孝敬父母、抓紧时间，而不告诉孩子怎样才算认真学习，怎样去孝敬父母，抓紧时间的窍门是什么，那么孩子可能就不知道从何做起。所提出的要求必须明确而不含糊，具体而不抽象，要尽量让孩子看得见、摸得着，要具体、形象、直观，具有操作性。这样孩子才能学得会、做得到、记得牢。

例如，尊敬长辈是培养孩子良好习惯的一项重要内容，教育者在确立规范时应把它具体为：1.听长辈讲话时要认真，不东张西望，不插嘴；2.长辈批评时不顶撞，可以解释，但不许撒野；3.和长辈谈话时要和气、礼貌，不高声大喊；4.见到长辈要主动打招呼，会使用文明用语；5.自己提出不合理的要求父母没答应，不许撒野、耍横；6.有了好吃的知道先给长辈吃或和长辈平分吃；7.要帮助父母干力所能及的活儿；8.长辈累了要知道热心照顾，如倒杯茶水、送双拖鞋、递条毛巾等；9.长辈病了要主动端水送药，耐心照料等。

又比如，如何培养良好的作业习惯？从孩子进入一年级起，父母就会强调让孩子养成良好的作业习惯，但往往到小学毕业，有很多孩子都没有养成这一习惯。首先一个重要原因就是，孩子根本不知道什么才是良好的作业习惯，他们根本不知道应该怎么做。父母培养孩子良好习惯，启发孩子自觉性之后，紧接着第二步必须对所要养成的习惯进行明确，确定具体的规范内容，这样才具有可操作性、可度量性。

示范指导，持久训练——孩子起初都是以父母的行为为榜样，通过同化作用逐渐形成自己的行为习惯，所以父母自身行为对孩子有着重要影响。在培养习惯时，必须示范，做具体指导，确保第一次行为动作就规范、正确。孩子小，缺乏起码的经验，根本不知道该怎么做，如果不经具体的示范和指导，是很难形成良好习惯。行为训导是引导孩子按照规范化的要求去操作，所以教育者在讲解和示范时，要求必须具体明确，使孩子能模仿，学得会，做得到，记得牢。

习惯的养成教育是一个长期工程，不是一朝一夕的事情，养成一个好习惯不是一天两天、三天五天的事，需要长期抓，持之以恒。习惯成自然是需要时间的，孩子年龄小，自制力不强，要培养或矫正习惯，就得天天检查，反复提醒，严格要求，直到养成习惯后再放手。

第四篇

立与成：育人善举谱新篇

中华优秀传统文化进小学校园，为人文校园吹来了文化的芳香，使文化立校有了深厚的底蕴和坚实的基础；为美丽校园带来了文化的氛围，使文化环境有了更新的呈现和更美的衬托；为绿色校园培育了文化的新蕾，使文化形象有了更鲜明的标志和更亮丽的展现。

中华优秀传统文化进小学校园，为教书育人带来了源源不断的资源，丰富了立德树人的内容；为素质育人带来了可资借鉴的财富，夯实了核心素养的地基；为全面育人带来了知行合一的导向，坚定了必备品格和关键能力的培育方向。

中华优秀传统文化进小学校园，为学生带来了更有根基的营养，增强了对民族的热爱；为学生带来了更有发展的动力，增强了对未来的信心。

可以说，中华优秀传统文化进小学校园之旅，是全面提升办学品质、育人特质的进阶之行，立文化之碑，成育人之效。

一 对中华优秀传统文化的认知和践行达到新高度

随着长达25年的认识、亲近和探索，中华优秀传统文化在学校已有极高的“知名度”和“亲近感”，走过“浑然不知”到“半知半解”，再到“谙熟内化”的征程，达到了墙内墙外皆开花的境界。

（一）以文育人滋养丰富

中华优秀传统文化，不仅是我们民族的宝贵精神财富，也是新时代立德树人、办学提质的珍贵精神指引。

1. 文化精髓利于培育新人

经过研究和实践，我们深刻认识到：中华优秀传统文化尤其是儒家经典文化中的“仁义礼智信”等核心思想影响了中华民族数千年，其所畅导的道德制度与人心秩序至今仍影响着人们的思想道德和行为习惯，其精髓是新时代青少年理想与道德教育的重要内容、成长的宝贵精神食粮。

将现代学生德行修养根植于传统经典文化教育中，有助于培养德智体美劳全面发展的社会主义建设者和接班人。

2. 精神资源益于学生德行

小学生处于启蒙阶段，德行的启蒙和观念的确立，是学校教育的重要内容。提升传统文化育人实效，必须深入挖掘其蕴含的优秀德育资源，找寻传统经典与现代儿童德行修养的契合之处，探寻经典文化融入儿童德行修养的有效路径。

3. 知行融合成于以文育人

启蒙教育重在知与行的统一。知，是行的前提；行，是知的结果，两者相辅相成。实践活动是个体道德形成、发展的载体与动力，是学生自我教育的基础。在文化熏陶下，应以体验式教育活动为重点，以丰富多样的活动形式和方式开展文化体验，达到知、情、意、行的统一，才能实现以文育人，涵养德行。

可以说，小学对一至五年级的学生开展中华优秀传统文化教育，是天时地利人和的大好事，是多赢的大工程。

（二）育人格局创新建树

学校对中华优秀传统文化的建树，最主要的是找到了文化育人的方式及顶层设计的结构。

1. 构建文化育人模式

中华优秀传统文化蕴含着丰富的道德理念和规范，如天下兴亡、匹夫有责的担当意识，精忠报国、振兴中华的爱国情怀，崇德向善、见贤思齐的社会风尚，孝悌忠信、礼义廉耻的荣辱观念等，是开展学生德行修养的宝贵精神食粮。学校经过25年的实践与探索，形成了“文化熏陶，德行修养”的传统文化育人模式。

具体为以“知礼、好学、和谐”的校训和“文明、诚实、创新”的校风为指引，凝练了学校“崇实”的核心文化，即“崇德敏智，和实生物”，提出了“崇德敏智，全面发展”的育人目标。基于儒家文化核心思想“仁、义、礼”，确定了“懂规范，乐学习，善交往”的学生发展目标。开展了校园传统文化环境布置，开发了德行修养系列课程，制定了传统文化教育行动策略等。以体验式教育为重点，创设了多种教育形式和活动方式，建构了活动主题，融评价于活动中，形成了“文化浸润—实践体验—反思体悟—自我修正”的文化育人路径。如下图所示。

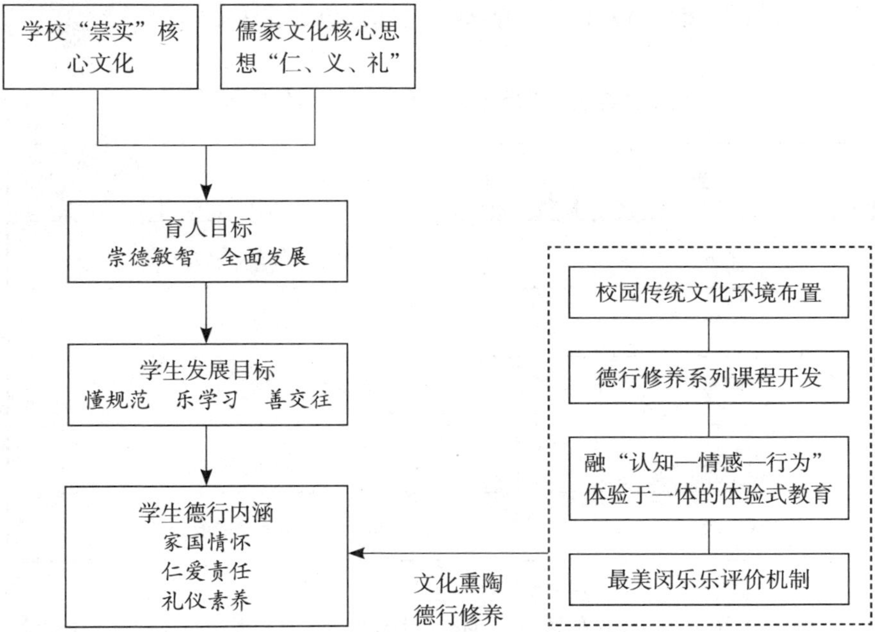

“文化熏陶，德行修养”传统文化育人模式框架图

2. 顶层设计系统架构

学校通过顶层设计，从传统经典与现代儿童德行修养的融合之道、校园传统文化环境的布置、德行修养系列课程的开发等入手，系统架构了文化浸润着力点。

对接传统与现代，探寻了融合之道——儒家文化是中国传统文化的经典，以“仁、义、礼”为基本内容。“仁”侧重于人的道德情感，“义”侧重于人的道德行为和意志，“礼”侧重于封建等级伦理秩序。现代儿童德行修养指儿童美好的道德品行，强调自我修养的重要性，包括家国情怀、仁爱责任、礼仪素养。儒家经典中的德育内容虽与现代儿童德行教育存在矛盾，但两者又是统一的。去其糟粕，取其精华，将“孝为人本，仁者爱人”“义以为上，见利思义”“诚信为本，信以待人”“博学于文，约之以礼”“知礼以立”等精髓进行创造性转化，与现代儿童德行修养对接，赋予传统经典时代价值。通过“文化浸润—实践体验—反思体悟—自我修正”的路径，实现以文化人。

儒家经典核心思想与现代儿童德行修养对接梳理

年　级	德 行 主 题
一年级	好学、孝亲、立志、笃行
二年级	崇德、亲师、惜时、勤俭
三年级	诚信、取友、主敬、明礼
四年级	知耻、改过、恕道、乐群
五年级	忠义、家园、修己、君子

校园传统文化环境布置——环境对人的德行塑造起着潜移默化的作用。为增强文化环境育人的实效，学校借助校园大修之际，对校舍进行整体中国风改造。改造后的校园白墙黛瓦，绿树掩映，中式回廊连通整个校园建筑。一进校园就能感受到“黛青”“月白”“朱漆”主色调带来的中式美感。在校园中增设少年对弈雕塑，布置“忠”“孝”“礼”浮雕文化墙、传统文化活动宣传栏、二十四节气知识墙、专用书法教室，教室内张贴传统文化标语。每逢传统节日，校园的树枝头、楼道、教室内外总会挂满各种时令装饰，营造浓烈的传统节日气氛。

传统文化活动宣传栏随时更新着学校读书节、体育节、艺术节等活动的海报，学生们在校园四节活动中的精彩表现，还有各个传统节日中学生体验活动的缩影等。

二十四节气知识墙的内容也十分丰富，不仅有每个节气的名称，还有各个节气的时间、寓意、节气歌、跟该节气有关的古诗词、农耕知识、传统风俗、饮食等。学校还将学生参与的节气活动做成微信推文在公众号上进行推送，极大增强了环境育人的效果。

校园传统文化环境布置组图（部分）

二十四节气墙（部分）

校园传统文化环境布置组图（部分）

开发德行修养系列课程——学校将传统经典与学生德行修养对接，开发了“崇实”德行修养系列课程。

行为规范礼仪课程以“国学经典育雅行”为主，包括经典诵读、学习感悟、行为对照、行为规范评比，将行为规范养成融入校园四节活动中。学生在诵读经典中激情促思养习惯，在品读经典中明理习得好行为，在校园活动中践行文明知礼仪。

文化传承课程包括“我的节日我做主”——学生在节日主题活动中了解中华文化的源远流长，丰富多彩；“中华建筑我欣赏”——感受中华建筑艺术美；“非遗文化我传承”——学习展演非遗节目“小鲤鱼跳龙门”；“中华戏曲我传唱”——闵乐乐京剧活动社；“上海闲话我会讲”——沪语兴趣课。

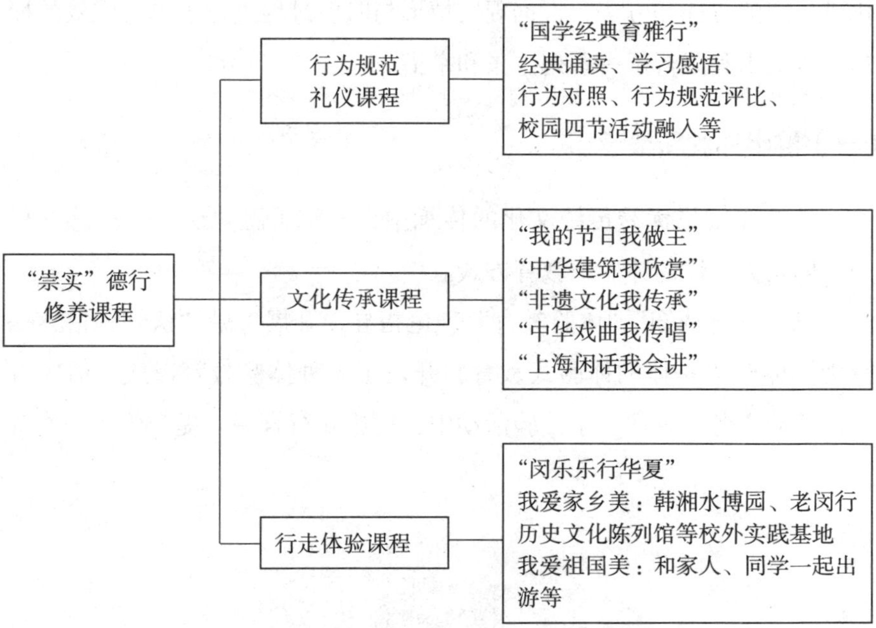

"崇实"德行修养系列课程图

行走体验课程以"闵乐乐行华夏"为主，包括我爱家乡美，学生走出校园，走进古藤园、韩湘水博园、老闵行历史陈列博物馆、项宅等校外实践基地，感受古藤的勃勃生机，古桥建筑文化，了解老闵行的发展历史，"鲤鱼跳龙门"非遗文化；我爱祖国美，学生利用假期与家人、朋友一起出游，感受祖国大好河山的壮美，中华文化的博大精深，激发家国情怀。

二　对中华优秀传统文化的传承方式有了新突破

传承重在方式和方法的正确性、有效性。学校对中华优秀传统文化进校园的方式和方法，根据现实情形与时俱进地进行了卓有成效的探索，并提出和践行了一系列主张和举措。

（一）推出体验新渠道

学校在中华优秀传统文化的传承中，实施了融“认知—情感—行为”体验为一体的体验式教育方式。

以“具身认知”“体验教育”理论指导，开展了融“认知—情感—行为”体验为一体的体验式教育，开发了多种体验教育形式、活动方式、活动主题，融评价于体验活动中，促进知行合一，提升传统经典育人实效。

融“认知—情感—行为”体验为一体的体验式教育结构图

1. 创设5种体验形式

优秀传统文化教育强调以体验为核心，突出“课程育人，文化育人，活动育人，实践育人，管理育人，协同育人”综合发力。学校以课堂、校园、家庭、社会场馆、自然世界为教育源泉，创设了情境体验、活动体验、生活体验、实践体验、学科体验5种传统文化体验教育形式，让学生“以身体之”“以心感之”，在获得心灵触动、达到深刻理解后，将获得的认知和情感内化为良好的品质与人格，外化为良好的行为习惯。

情境体验——情境体验包括真实情境体验和类真实情境体验。

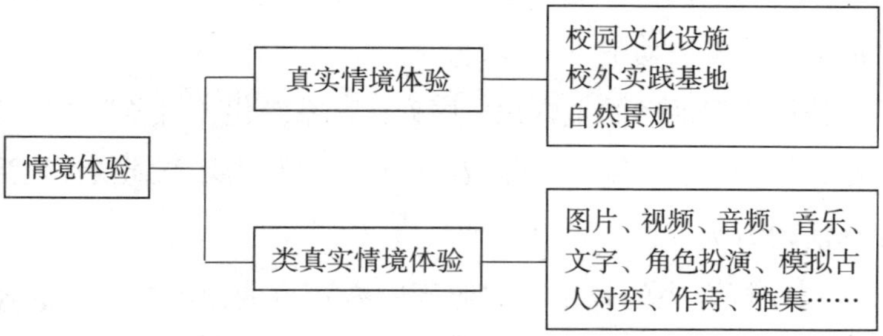

情境体验创设图

在实施过程中，我们以校园中的少年对弈雕塑，“忠”“孝”“礼”浮雕文化墙，校外实践基地韩湘水博园、古藤园、香樟一条街等自然景观为教育源泉，创设真实情境。让学生漫步校园，了解中国古代的文化生活，感受孝悌忠信、礼义廉耻的荣辱观念，感叹古人的聪明智慧；走进水、桥、景相连的水博园，了解马桥文化、黄浦江文化，挖掘范仲淹、林则徐等历史人物的事迹，开展古桥文化探究；走进古藤园，一睹470余年的宜阳古藤的魅力，感受其顽强的生命力，与古藤园里的亭、桥、廊、榭、楼等古建筑对话，感受中国古代建筑之美；步入香樟一条街，感受绿树浓荫家乡美，探寻江川香樟一条街与老闵行工业基地的渊源历史，激发学生对家乡、对祖国的深厚感情。

我们还通过图片、视频、音频、音乐、文字、角色扮演等方式在学科教学中创设类真实情境，让学生置身其中，感受情境的冲击，诱发和唤醒学生对优秀传统文化的认知，感悟做人做事的道理；模拟对弈、作诗、雅集等场景，让学生扮演各种角色进入，在表演互动中引导学生走进历史人物的内心世界，与他们探讨、辩论、切磋、交流，从而感悟反思，逐步达到心心相印的境界。

活动体验——在活动中体验，是学校开展中华优秀传统文化教育的必由之路。学校将中华优秀传统文化教育活动渗透在学生的日常行为规范礼仪评比活动、校园读书节、体育节、艺术节、科技节活动、快乐半日拓展活动、四季活动中。

活动体验重视活动的主题化、序列化、系统化，引导学生在活动中学会合作，学会遵守规则，享受活动乐趣。以行为规范礼仪评比活动和校园四季活动为例。

为达到知行合一的效果，按照不同教育目的，由学生、老师一起合力创编了《文明进校懂礼貌》等七则童谣，并做成宣传版面布置于大厅墙面。利用两分钟预备铃时间吟诵行规童谣，比照行为，互相督促提醒，加深感受体验。

闵行区中心小学学生行为规范童谣列表

童谣名称	教育指向
文明进校懂礼貌	进校礼仪
文明卫生要牢记	卫生礼仪
文明升旗爱国情	升旗礼仪
文明课间伴我行	课间礼仪
文明课堂要明晰	课堂礼仪
文明用餐心间记	用餐礼仪
文明做操身体好	锻炼礼仪

四季活动之——春之希望

活动主题	春季绽放紫藤美，孕育热爱家乡情
活动目标	1. 通过几次观察，初步感受学校里的紫藤花是富有生命力的，通过交流自己的绘画作品，感受到紫藤花的美丽与其他花是不同的。 2. 了解校外多处亦有紫藤花架，尤其是古藤园，能利用假日，由爸爸妈妈带着去古藤园游玩，大致了解古藤园的地理位置。 3. 通过调查，了解古藤园的历史背景，对古藤园有更多的认识与了解，以增加对祖国、对家乡的热爱之情。
活动时间	第一次：3月 第二次：4月 第三次：5月
系列活动一	校园紫藤花真美
系列活动二	校外紫藤找找美
系列活动三	古藤园里文化美

学生在主题化、序列化、系统化的体验活动中，增长了传统文化知识，润泽了心灵，规范了行为，涵养了品行。

生活体验——生活化是传统文化体验教育的基本要求。学校将学生的校园生活、家庭生活和社会生活融合劳动、亲情、人际关系、感恩等教育内容开展生活体验，帮助学生获取生产生活知识技能，养成良好行为习惯，吃苦耐劳、孝老近亲的传统美德，形成健全的人格。如劳动教育、责任感教育在家、校、社生活中的体验活动设计如下。

融劳动教育、责任感教育于生活体验中的示例

生活体验分类	具体做法	教育目的
家庭生活中的劳动体验	1. 建立家务劳动清单 2. 家长进行家务劳动指导与示范 3. 开展亲子劳动体验或独立承担劳动体验 4. 分享劳动体验	1. 体会父母长辈的辛苦 2. 掌握一定的家务劳动技能 3. 主动承担力所能及的家务劳动 4. 增加家庭小主人的意识

（续表）

生活体验分类	具 体 做 法	教 育 目 的
学校生活中的劳动体验	1. 建立班级小岗位和划分校园包干区 2. 明确岗位职责和要求 3. 开展独立或小组劳动体验 4. 开展劳动成果评比与分享	1. 掌握一定的生活劳动技能 2. 增强责任感和校园、班级小主人意识
社会生活中的劳动体验	1. 成立假日小队 2. 确定活动场所、任务和目标 3. 开展小队志愿服务 4. 分享志愿服务感受	1. 感受城市美容师的工作辛苦和不易 2. 践行志愿精神，增强城市小主人意识
家、校、社结合的劳动体验	乐爸乐妈成长营：开展职业启蒙教育	1. 职业启蒙 2. 树立正确的职业观、劳动观

实践体验——广阔的社会为传统文化教育创造了积极有利的条件。学校充分发挥地域资源优势，联合共建单位，积极开展中华优秀传统文化教育实践体验。如充分运用航天城、航空商飞、紫竹高科技园等地域资源，通过参观、动手实践，感受未来劳动者应具备的工匠精神。充分运用老闵行历史陈列馆、项宅等文化遗产，通过参观、讲解等，感受劳动者的智慧与精神。带领闵乐乐们走进福新面粉厂等共建单位，在动手体验过程中，感受普通劳动者的伟大，懂得尊重劳动成果。

老闵行历史文化陈列馆位于江川文化馆内，拥有大量历史图片、珍贵实物、地方文献、视频图像，并采用实景再现、意境绘画等方式生动展示了江川地区历史文化概貌。项宅也是老闵行地区的一个历史文化遗址。为了让学校的学生能深入了解老闵行深厚的历史文化底蕴，并将其中的精华得以传承，我们成立了“小巴辣子志愿者讲解团”，定期担任历史陈列馆和项宅的对外讲解任务。学校还成立了“小鲤鱼跳龙门”非遗舞蹈队，邀请非遗传承老艺人专门传授讲解，指导舞蹈要领。“小鲤鱼跳龙门”多次参与区级传统文化活动展演，获得了极高的评价。

学校每学期都会带领学生来到马桥农耕文化实践基地、韩湘水博园等开展任务式的体验活动。在农耕文化实践基地，学生们割稻子、拾稻穗，感受劳动的快乐，养成勤俭节约、爱惜粮食的美德。在韩湘水博园，了解马桥文化、黄浦江文化，挖掘范仲淹、林则徐等历史人物的事迹，开展古桥文化探究，体会古人的智慧，感受中国古代建筑艺术之美。

学科体验——学科体验是中华优秀传统文化教育的重要体验形式。各学科梳理学科内容，挖掘教材蕴含的显性、隐形的传统文化教育素材，对照中华优秀传统文化教育指导纲要，形成了学校“中华传统文化教育学科渗透表”，指导教师引领中华优秀传统文化教育学科体验活动的开展。如优秀传统文化在语文学科中，可以通过创设各类情境，让学生感同身受，增强体验。语文中古诗文内容学习，可以通过诵读经典，读出意韵美、意境美、画面美、思乡之情等。

2. 设计10种活动方式

儿童从接触到汲取文化精髓，内化于心，外化于行，须经历知、情、意、行逐渐上升的过程。学校设计了文史查阅、访谈调查、实地访古、知识比拼、感悟交流、主题讲演、古诗吟诵、雅集再现、动手做做、反思评价10种成熟有效的活动方式，分别指向认知体验、情感体验和行为体验。

指向认知、情感、行为体验的活动方式

体验指向	体验活动方式
认知体验	文史查阅、访谈调查、实地访古、知识比拼
情感体验	感悟交流、主题讲演
行为体验	古诗吟诵、雅集再现、动手做做、反思评价

（二）设立有效主题

中华优秀传统文化在学校传承，主题的选择与切入十分重要。

1. 建构9大体验主题

以传统节日融二十四节气为教育载体，渗透劳动、感恩、行为规范教育，聚合校园四节、行走课堂等，建构了缤纷元宵、别样清明、活力端阳、感恩重阳、魅力仲秋、希望春分、热闹立夏、健康小雪、暖心立冬9大体验活动主题。以缤纷元宵主题为例。

缤纷元宵主题系列活动

主题	活动目标	系列活动	具体任务
缤纷元宵	1. 了解元宵节的传统风俗 2. 知道吃元宵的意义 3. 发现元宵节的缤纷秘密	漂亮的元宵	赏元宵、说元宵、演元宵
		美味的元宵	尝元宵、品滋味、说感受
		好玩的元宵	识材料、学过程、包元宵
		思念的元宵	听故事、话思念、表真情
		眼中的灯笼	说一说你知道的灯笼 画一画印象最深的灯笼
		手中的灯笼	选一选　能做灯笼的材料 做一做　合作制作灯笼 评一评　最in灯笼
		有趣的灯笼	编灯谜、猜灯谜
		热闹的灯会	搭一搭　齐心布置灯会 列一列　游玩规则要遵守

2. 开发5种活动清单

以品行涵养为教育导向，开发了图表式、游戏闯关式、小报探究式、课题研究式、感悟交流式5种活动任务单，融评价于活动中，提升活动实效。以游戏闯关式活动任务单为例。

金山嘴渔村定向闯关任务

任务规则：

1. 先分组，按小组行动，一个小组取一份任务单、地图。

2. 按顺序完成以下任务，每完成一项任务，由工作人员审核并敲章。

3. 所有任务完成后前往渔家茶室，凭任务单兑换奖品。

具体任务：

任务一：渔村处处都有“鱼”的美景——请沿途指出或记录6张“鱼”元素的图片至渔家茶室（老街10号）处敲章。

任务二：渔民每次出海都有妈祖保佑，村民们都信奉妈祖娘娘——这里的妈祖文化馆你去过吗？可能会有意外收获哦！

任务三：神秘的渔村，有着丰富的历史文化积淀，这里的海渔文化馆（老街21号）你去过吗？可能会有意外的惊喜噢！

任务四：古老的渔民老宅（老街8号），有位渔嫂非常神秘噢，请向她索取寻宝图，完成指定任务吧！

任务五：渔村的渔民个个都是织网高手，请到渔家茶室（老街10号）跟着渔嫂一起学技艺。

盖章处

任务一	任务二	任务三	任务四	任务五

活动收获：

自我评价：☆☆☆☆☆

游戏闯关式活动任务单

三 对中华优秀传统文化的常态传承达到新境界

中华优秀传统文化在校园的传承，不是一时一事，要持续开展，并产生长远效应，需要建立稳固的机制予以保障。学校在推进过程中，致力于多重机制的建立和完善。

（一）多措并举建立保障

中华优秀传统文化学校教育需要系统规划，多措并举。学校围绕师资、时间、空间、资源、评价等多方面建立支持保障机制，开展家、校、社互动体验活动，坚持学校、家庭、社会教育相向而行，建立三方协同机制，形成教育合力。

1. 师资培训提升素养

学校定期开展优秀传统文化教育教研活动，开展“走进儒家经典　提升教师素养”校本专题培训，如邀请专家开设“和孩子一起读《论语》”“学校开展儒家经典教育的意义”“人文精神和教育”和“传统美德与现代德育的对接和融合”等讲座。开展了传统经典文化的校本研修，区、校级经典阅读的教学研讨，青年教师传统经典故事演讲比赛，“爱与责任同行”青年教师演讲暨师德主题教育活动，“陇之北　云之南”爱心行的师德教育专题报告，“继承传统文化，乐享青春足迹”等系列活动。班主任层面，依托“敏智坊”校骨干班主任培训班邀请专家开设讲座，开展论坛活动，形成各班级中华优秀传统文化教育特色等，以此提升教师文化育人素养。

同时，中华优秀传统文化哺育了教师的成长。如，二十四节气是中华民族的重要文化遗产，它蕴含着顺应自然观念、天人合一智慧，以及中国人独特的对宇宙自然的认识。但随着科学的发展，二十四节气与当代人生活的差距越来越大，亟须认识与保护。作为老师，就要不断加强小学生对二十四节气的认识，切实提高他们对文化保护的意识，让二十四节气在这一代人心中生根发芽。作为老师，要提升育人意识，发挥教育智慧。

教师结合节气内容开展主题活动。如：闵乐乐在传承二十四节气中快乐成长——节气种植体验活动。教师引导学生探秘节气知识，启发学生通过请教有种植经验的家长、网上查资料等方法，确定要种植的蔬菜：青菜、茼蒿和大蒜，培育学生乐学善学的核心素养。教师在学生种植过程中遇到困难时，关注培育学生问题解决、合作担当、勇于探究等核心素养，启发学生可以通过各个小队轮流照顾，每个小队负责照顾一周；趁着白露节气赶紧补种；组建“志愿护绿队”等方法解决在种植过程中遇到的困难。在教师的关注启发下，学生开始尝试着自己想办法解决问题，或者跟同学一起商量解决，做事也更加认真负责了，明确分工不分家，哪天谁有时间了就主动去照顾菜苗。学生也学会了更好地跟伙伴合作，每周写一篇观察日记，擅长绘画的队员负责绘画，表达能力强的队员负责组织语言，书写漂亮的队员执笔记录。

正是因为教师的育人意识不断提升，把教育智慧发挥到了极致，关注学生核心素养培育，学生不仅发现了节气中体现的物候变化、农事规律，而且在传承二十四节气的过程中培养了勇于探究、问题解决、合作担当精神，在传承中华优秀传统文化的同时学会学习、健康生活，有责任担当，获得更多的成长体验和收获。

同时，促进了教师专业发展和素养提升。作为学校教育教学活动另一个主要参与者——教师的成长，不论是职业的，还是个人的，也是学校教育应当追求的目标之一。学校和教师作为指导性和保障性力量，从整体上统筹规划活动的设计、组织和开展，帮助学生搭好进一步学习的“脚手架”。学生则在具体的实践过程中，人人都做小主人，探索自己内部精神世界与外界的通达。教师的成长与学生的发展并非对立，而是彼此关联，相互促进。我校的节气活动见证了老师和学生们的共同成长。节气活动的开展中，老师看到了学生的创造性、教学情境的复杂性，这对一个教师的职业素养和教学能力是一个较大的考验，同时它也给教师的专业成长开拓了空间。比如节气活动过程中学生会有各种想法和提议，这些都是可以加以利用的宝贵的教育资源。所以说，传承二十四节气活动不仅提升了学生的核心素养，还促进了教师的专业发展，提升了教师的素养。

2. 课程课表保障实施

学校将优秀传统文化实践体验与快乐半日活动相结合，体验活动进课程、进课表，并要求教师以年级组为单位，开展传统经典教育课程的教学设计，从时间、空间、内容上确保文化育人课程的顺利实施。以行为规范礼仪课程教学设计为例。

"国学经典育雅行"课程单元/课时教学设计简述表

单元主题/课时内容	学习目标	基本教学内容及学生活动设计
1. 热爱祖国 了解国家的地理位置，国家标志性山川等。	1. 通过学习，知道我国的名称、国旗，会唱国歌。 2. 通过学习《三字经》，进一步感受中华民族文化的博大精深，牢记历史，从而培养学生热爱祖国文化的思想感情。	1. 学习《三字经》中句子："赤道下，温暖极。我中华，在东北。" （1）理解句子意思。 （2）通过看地图找到中国，直观了解我国地处地球的东北部分，有各种气候。 2. 学习《三字经》中句子："曰江河，曰淮济。此四渎，水之纪。曰岱华，嵩恒衡。此五岳，山之名。" （1）理解句子意思。 （2）了解自己的祖国——中国是一个地大物博的国家，尤其了解"长江、黄河"，为后续学习中华文化的发展打下基础。 （3）通过观看视频，让学生感受山与水的磅礴气势，激发学生对于我国山水的探索之情。

（二）综合评价促进成长

学校制订了评价方案，根据学生德行修养的内涵及学习生活实际进行条目细化，设立了12个单项的“最美闵乐乐”奖项，开展激励评价、榜样示范。

开展“学国学经典，伴快乐长行”，持续评价促成长——学校以“德育导向”为评价内容，以学生德行修养具体内容细化评价目标。每周三午会课，通过“学国学经典，伴快乐长行”学习活动评价，将“国学学习与行为规范教育相结合”落到实处，在每周一次的持续性评价中，帮助学生找到自己的亮点，发现不足，并在后续的学校生活中去改善行为。

1. 树立正面形象

开展“最美闵乐乐”评选，树立正面形象——结合“学国学经典伴快乐长行”学习活动情况，每班学生通过自荐与互荐，推荐班级本月“最美闵乐乐”一名，完成风采海报张贴，树立正面形象。学期末从本学期所有班级“最美闵乐乐”中评选出校级“最美闵乐乐”。被选出的最美闵乐乐们还会担任校园职务，如“健康小卫士”会负责检查校园、班级卫生情况，“智慧小博士”会介绍学习好习惯等。

2. 找到榜样力量

开展“闵小人讲闵小故事”，寻找榜样力量——结合“最美闵乐乐”评选结果，利用红领巾广播台进行“闵小人讲闵小故事”，宣读最美闵乐乐的先进事迹，充分展示闵小学生在经典滋润下的良好行为、精神风貌，也帮助其他学生寻找到榜样的力量，朝着更好的方向进步。

四　中华优秀传统文化进校园取得重大成效

学校从2006年开始进行“文化熏陶，德行修养”的浸润式传统文化教育，经过10多年实践检验，成效显著。

（一）学生传统文化素养提升，德行端，品行正

学校学生主动亲近优秀传统文化，积极参加各类比赛。近五年，在市、区传统文化知识竞赛等各项活动中，300多人次获奖；尊老孝亲，懂得感恩，经常为家人、师长送上关心祝福，表达感恩之情；积极融入社区，小巴辣子志愿讲解团参与社区传统文化场馆志愿讲解。学生德行端，品行正，助人为乐、拾金不昧的事例多达上百起。在传统文化熏陶下，学校“崇德敏智，全面发展”的育人目标得以落实，学生争做“懂规范，乐学习，善交往”的“闵乐乐”。

（二）教师理念先进全员育人，品德佳，专业强

在传统文化教育实施中，学校涌现出了一位市优秀德育课教师、市模范教师，五位区优秀德育骨干教师。全学科渗透，教师都能发挥学科育德功能，理念先进，全员育人。家校共建，开设家长学校，指导家长正确的家庭教育；社校共建，青年教师“敏之翼”志愿队送课进社区；教师开展市、区级德育公开展示课10余节。

（三）传承成为学校特色名片，效益升，赞誉多

学校被评为区优秀传统文化校，传统文化教育与行为规范教育有机融合，国学、闵乐乐探秘二十四节气分获区行为规范优秀特色项目、区传统文化优秀项目。2013年以来连续三次获评市行为规范示范校，2021年获评市文明校。连续八年绩效考核区优秀一等奖。传统文化教育已成为学校特色名片，持续促进学校办学效益提升。

（四）承担国家市级区级课题，成效大，辐射广

学校承担四次国家、市、区级展示，两个基地，一个工作室，发挥辐射引领作用。

承担了中小学国学经典进课程国家级课题组活动展示，区首届“中国节、中国情、中国心”传统文化教育活动展示，国学经典育雅行市级展示活动，小岗位、星级文明教室区首届现场经验推行会。学校还是市德育教导跟岗基地、区德育实践研究基地、区班主任工作室。通过展示、培训，“文化熏陶，德行修养”的浸润式传统文化教育在市、区层面得到广泛推广，发挥了辐射引领作用。

中华优秀传统文化进小学校园，我们做出了开拓性的努力，形成的“文化熏陶，德行修养”传统文化育人模式，深入挖掘了传统经典的优秀德育资源并创造性转化，将传统经典与现代德行教育对接，赋予了传统文化时代价值。通过校园文化布置，德行修养课程开发，以“认知—情感—行为”体验为一体的体验式教育为重点，创设了多种体验教育形式、活动方式，建构了活动主题，开发了活动任务单，融评价于活动中，形成了“文化浸润—实践体验—反思体悟—自我修正”的文化育人路径，育人成效明显，为传统文化教育在学校层面的具体有效实施提出了学校的解决方案。

诚然，中华优秀传统文化的教育要与时俱进，教育方式方法还要更加多元，更贴近学生生活，进一步挖掘契合小学生的优秀德育资源，用学生喜闻乐见的方式，才能拉近传统文化与学生的距离。要进一步强化体验活动中的评价，才能使教育效果更加长效持久。

正如《习近平新时代中国特色社会主义思想学生读本》中指出的：德不可空谈。要通过文化熏陶，浸润学生生活，通过体验活动让学生记住要求，心有榜样，将新时代英雄人物、先进人物、美好事物都融入优秀传统文化的体验教育中，衔接古今，才能使中华优秀传统文化成为滋养青少年的不竭源泉。

中华优秀传统文化进小学校园，永在路上，没有最好，只有更好。我们将一如既往，不忘初心，砥砺前行。